新装版

人生の悲劇は「よい子」に始まる

見せかけの性格が抱える問題

加藤諦三

PHP文庫

○本表紙図柄＝ロゼッタ・ストーン（大英博物館蔵）
○本表紙デザイン＋紋章＝上田晃郷

プロローグ　幼い頃の心の傷が一生を支配する

◎──「親から見捨てられる恐怖」

子供が抱く恐怖心の中に、親から見捨てられることに対する恐怖というのがある。子供にとってそれは大変な恐怖で、その恐怖ゆえに子供は自分の本性を裏切ることがある。そして、それは後々までその人の人生に尾を引き、大きくその人を支配する。

幼い頃、このような恐怖にさらされながら生きた子供は、大人になってもなかなかこの影響から脱することができない。たとえば、相手の気持ちを自分に引き留めておくために何か特別にいいこと、あるいは特別に相手に都合のいいことをしなければならないと思ったりする。そしてそのように一生懸命努めるために、いつも不安な緊張に悩むことになる。

その結果、緊張しさえしなければできることでもできなくなるし、自分がもともと持っている能力も発揮できなくなってしまう。

見捨てられるのが怖いから、見捨てられまいと緊張する。そしてその緊張がその人をコチコチにしてしまう。新しい環境に接して自分の可能性を試してみようとするよりも、その新しい環境を恐れるのである。

心の底にあるその恐怖は、幼い頃はそれなりの理由があったと思われる。その子からすれば、実際に見捨てられる可能性があったわけである。現実に見捨てられるかどうかということではなく、小さな子供が自分でそのように感じたかどうかということが問題なのである。

親からみれば、一時の感情という言い方ができるが、子供の側はそのようには解釈できない。そのように「見捨てられる恐怖」を持った子供は、いつも心理的には不安定である。いつか自分は見捨てられるかもしれないという不安におのののいている。そして不安であればあるほど、人は相手にしがみつく。

そしてそのような人ほど、相手の言動に敏感になる。相手のちょっとした言葉や仕草から、もう自分のことを嫌いなのではないかと疑う。不安と恐怖が強ければ強いほど、相手の言動を自分に悪く悪く解釈し、自分を卑下して考えるようになるのだ。

劣等感を持つ人が、自分の弱点を過剰に意識するのは不安だからである。見捨てられる不安を持てば持つほど、相手の何気ないひと言を自分の弱点に向けられた非難と受け取る。ちょっと相手との関係でうまくいかないことがあれば、すぐに自分の欠点と結びつけて解釈する。捨てられるのではないか、捨てられるのではないか、そればかりが心の底では気になっているのである。

それに比べて見捨てられる不安なしに育った人は強い。何も恐れない。

これに関連して、私のノートに以下の文が残されている。二三〇ページということまではわかっているのだが、残念なことに出典が定かでない。印象に強く残っていたため、メモしておいたものだ。

「……したがって幸運にも、普通のよい家庭で愛情のある両親と一緒に成長してきた個人は、支持、慰め、保護を求め得る人たちを、またその人たちをどこで見いだせるかを、常によく知っている。（中略）この経験が、困難な場に立たされるとき、いついかなるときにも彼に援助の手をさしのべてくれる信頼に足る人物が常に存在するという無意識に近い確信を与える」

ちなみに、聖書の中に最もよく出てくるフレーズは、「恐れるな」であるそうだ。

◎自分を信頼できない、自己卑下する人間の苦しみ

恐怖というのは心理的な大問題である。その大問題を解決できる人と、生涯解

決できないで終わる人がいる。自分を表現することを恐れない人は、生きることを楽しむことができる。相手に面と向かって自分を表現することが怖くない人は、心に力強さを感じている人である。

一方、見捨てられることを恐れている人は、心の底で自分に対する頼りなさを感じている。そのためついつい肩に力が入る。

自分に自信がないということは、その人が見捨てられる恐怖を持っているということである。見捨てられまいとするから肩に力が入るのである。

あとでもふれるように、親の不機嫌な態度は子供にとっては「拒否」と同じである。私の父などはいつも不機嫌であったから、私の心の中には、見捨てられる恐怖がしみ込んでいる。見捨てられる恐怖を持つということは、相手を信頼できないということである。また相手を信頼できない人は、自分を信頼できない人である。

自分と相手への信頼は同時に起きる。相手の好意を信頼できないから、相手がどんなに自分を信頼してくれていても、相手の心がいつ変わるかわからないと恐れてしまうのだ。

相手を信頼できないということは自己卑下でもある。自分のような人間は信頼に値しないと考えるからである。逆に自分を信頼できるものは自信を持って相手に近づけるし、相手を恐れない。自分の中に力を感じるからである。

いずれにしても、拒否されることに対する恐怖がその人の心の力を弱める。拒否されることで傷ついてしまうのである。自分が傷つくことを避けようとすることが、心の姿勢を受け身にしていく。そんな人は、相手に対する働きかけも失ってしまう。

迎合とか、とり入るとか、お世辞を言うとかいったことは、相手に働きかけるということではない。それはむしろ自分を守ろうとするものなのである。

この本は親子の問題を論じているが、同時に、それを通して自分の潜在的な可能性をどう実現するかを考えたものである。自分が幼い頃に受けた心の傷を無視して生きようとすれば、必ず生きることへの無意味感や、劣等感に悩まされる。心の傷に生涯支配されてしまうのだ。

私もその一人であるが、小さい頃「よい子」であることが幸福の条件であると思い込んで、自分の本性を裏切り続けてきた人がいる。そこで、そういう人のために、人間にとって最善の生き方とはどのようなものか考えていきたいと思う。

新装版

人生の悲劇は「よい子」に始まる

目次

1章 なぜ「よい子」が問題なのか

2章 過剰な愛と支配欲

3章 不安が心の病を引き起こす

4章 見せかけだけの適応

5章 もう一人の自分に隠された欲望

6章 自己の消滅と愛情要求

7章

無私の親とよい子の地獄

8章 自我の確立を求めて

1章

なぜ「よい子」が問題なのか

◎──ある「よい子」の悲劇

ニューヨークの精神分析医、ウェインバーグの著書に、イレーネという女性のエピソードが出てくる。

イレーネは両親にとって最初の子供だった。彼女はとくに父親に可愛がられて育った。

彼女が五歳になった時、弟が生まれた。もう彼女は以前ほど、皆にかまってもらえない。幼いイレーネは、両親の関心が弟のほうに移っていくのを見て、愕然としてしまう。傷つきながらも、彼女は何とかして父親の愛情と注意を取り戻そうと、試行錯誤を始める。

まず、カンシャクを起こしてみる。しかし、そんな彼女に対する父親の態度は厳しい。今度は、病弱でかよわい小さな女の子のように振る舞ってみる。これも効果はない。

そこで再び作戦を変え、今度はよくお手伝いをするよい子になってみた。するとどうだろう、父親が彼女に微笑みかけてくれたではないか。

これがイレーネが「よい子」を演じるようになったプロセスである。

人は誰でも、試行錯誤を繰り返して、自分の欲しいものを手に入れる方法を探し続ける。人間の行動に対する動機は、二つの要素から成り立っている。目的と信念である。イレーネの場合、目的は「父親に認めてもらうこと」、信念は「役に立つこと」であった。

いたずらをして自分を誇示したり、泣きわめいたり、弟と競争したりというイレーネの試みは、いずれも失敗に終わったが、ついに父親に近づく道を発見した。それが、父親の役に立つ「よい子」になることだった。

人にとっては、子供の時からずっと首尾一貫した姿勢でいることのほうが容易である。だから、幼い頃にいったんある行動パターンを選びとると、成長してもそれをそのまま引きずることになる。イレーネの場合、その後、男に奉仕する女性となっていった。

二十歳になったイレーネは、ある男に恋をした。彼女は彼を失うことを恐れる。彼女は自分のことを何の価値もない人間だと、心の底で確信している。だから、彼に向かって異論を唱えたり、不平を言ったり、何かを要求したりはしない。その代わりに、彼女は毎晩愛する彼のためにいそいそと料理をつくり、原稿をタイプしてあげたりしてつくす。

彼女は彼との関係に、幼い頃の自分と父との関係をあてはめたのだ。彼女は恋人の役に立たなければ、捨てられてしまうと感じているのである。こうして彼女は自分の負担を増やしていく。

イレーネは懸命に彼につくしたが、やがて二人は別れを迎えた。それから数年後、彼女は彼の夢を見た。夢の中で彼女は、彼への怒りでいっぱいになって目がさめた。驚いたことに、彼女はそれまで一度も、自分を粗末に扱っていた彼に対して、腹を立てるということさえ自分に許していなかったのである。

彼女はまた新しい男に出会う。そして、また彼を満足させるべく努めることを誓うのである。こうして彼女は、自分を侮《あなど》り、食い物にしようと狙う男たちの、格好の餌食になってしまう。

これはウェインバーグ・G著、加藤諦三訳『自己創造の原則』（三笠書房）に出ていた例である。

◎――〝よいことをしたら、ほめられる〟方式のワナ

小さい頃を思い出してみよう。誰でも家の手伝いをしたりして、ほめられた経験があるはずだ。弟の世話をするとほめられる。庭の掃除をするとほめられる。親の虚栄心を満たした時も同じだ。成績がいいと親が嬉しがる、運動会で優勝すると親が喜ぶ。自慢の種になると可愛がられる。

しかし、ここには問題がひそんでいる。そのように親の役に立つ時だけ、親の

虚栄心を満足させた時だけ、ほめられると、子供はそうでない時の自分は意味がないのだと感じるようになる。役に立たない、自慢されない自分は、愛されるはずはないと思い込んでしまうのだ。

だからいつも、親を嬉しがらせることで認めてもらおう、可愛がられようと努めることになる。

この傾向は、大人になるにつれ、さらに拡大されていく。人に愛されるためには、相手の虚栄心を満足させなければならない。何か相手の役に立たなければいけないと思い込む。ただ一緒にいることがお互いに意味があるのだ、ということが理解できない。それでは何か落ち着かない、相手に申し訳ないような気持ちになってしまうのだ。

このような人の困った点は、自分は役に立ち「さえ」すれば相手に気に入られるのだという確信を持ってしまっていることである。

子供のうちはまだよいが、問題は大人になって周囲の人が変わった時である。それでもその人は自分が気に入られるためには、相手の役に立ちさえすればいいのだと思う。そしてひたすら相手のために何かをしてあげようとする。
しかし、相手がいつもそのようなことを望んでいるとは限らないのだ。

◎──「私がこんなにつくしているのに……」

たとえば、子供の頃よく家の手伝いをしてほめられていた人が、大人になって結婚したとする。その人は、やはり家のことをしさえすれば、配偶者に気に入ってもらえると思い込んでいる。

だが一方、配偶者がそのようなことより、一緒にどこかへ出かけることを望んでいたらどうだろう。相手の情緒的成熟を望んでいる、あるいは楽しむ能力を期待する、一緒に音楽会に行きたい、一緒に酒を飲みたい、いろいろ生きることを一緒に楽しんでいきたい、というように。

しかし、配偶者のこの希望が、理解されることはまずないだろう。なぜならこの人は、家のこと「さえ」していれば配偶者に気に入られると確信してしまっているからである。ところが配偶者は喜んでくれない。そこで何かおかしいと気づけばまだいいが、たいていの人は、気に入られるためにもっと精を出して役に立とうと頑張ることになる。

相手の好意が欲しいから一生懸命つくすのに、その効果がない。するとそこで怒りだす。

「私がこんなにつくしているのに」

「俺がここまで犠牲になって家のことをしているのに、何でお前は……」

というわけだ。どうして自分がもっと気に入られ、評価されないのか理解できない。そして不満を感じ、相手に面白くない感情を持つようになる。

人間関係をうまくやるためには、ただ単に相手の役に立とうとするだけではなくて、自分が心理的に成長することが必要である。見返りを期待してするのでなく、純粋に相手の役に立つことが嬉しくなれば、相手にも好感を持たれ、時には感謝される。自然と人間関係もうまくいくようになる。

しかし心理的に未成熟な人が、気に入られたい、評価されたいという動機から相手の役に立とうとすると、どうしても恩着せがましくなる。それでは、相手も何となく不愉快なだけである。自分がこんなにしているのだということを、誇示されるからである。

◎隠された神経症的な愛情要求

ひたすら相手の役に立とうとする人は、それが気に入ってもらうための切り札だと思っている。相手につくすことが、評価され、気に入られるためのオールマイティーだと信じているのである。

たしかに、自己中心的な親に育てられた人にとっては、それは真実である。自己中心的な親は、子供が自分の役に立ち、何か自慢の種になることだけが嬉しいのである。

それだけにその人は、いつも相手の役に立っていないと罪の意識を持つことになる。相手の役に立っていないと、罪悪感に苦しめられる。人といても、リラックスできない。リラックスすることに罪悪感を覚えるからである。

不幸なことにそのような人は、罪悪感に苦しめられるようなことをしている時に、人から好感を得るということさえある。周囲の人は、その人に自分の好きなことをしてもらいたいと思っていることもあるからである。

このように人を喜ばそうと努めるのは、何度も言うように、相手に気に入られるためである。その意味ではこれは外面《そとづら》なのである。そして隠された内面《うちづら》は、実は神経症的な愛情要求である。神経症的な愛情要求を心の底に宿しながら、気に入られたいがために必死で人の役に立とうとする。

しかし、時にはこの努力もなかなか成功しないことがある。そうなると本人はいよいよ追いつめられていく。人間関係が破綻していくのだ。

◎──「明るく素直なよい子」は精神的な自殺者

人間の自己実現について、深い研究をしたアメリカの心理学者マズローは、その著書の中で次のようなことを言っている。

子供は自分自身の喜ばしい経験と、他人からの是認の経験とどちらを選ぶかという時には、たいてい他人からの是認を選ぶ。そして自分の喜びの感情は殺す、あるいは目をそらす。小さい子にとって、周囲の人の心を失うほど恐ろしいことはないからだ。そしてそれらの子供は人知れず精神的死をもって人生が始まる、と。

つまり、「明るく素直なよい子」とは、精神的死をもって人生を始めた人たちなのである。自分の内面を信頼できない子供は、親を喜ばすことによって、自分を認めてもらおうとする。親を喜ばせれば自分は賞賛されるということを学び、この態度を大人になっても持ち続ける。

たしかに、人を喜ばそうとすること自体は悪いことではない。しかし、その動機が、相手から認められ、賞賛されたいということによるものだと、問題が生じてくる。

マズローの言葉を使えば、「成長動機」から人を喜ばせようとすることはよいが、「欠乏動機」からそうしようとすることは好ましくない。それは間違いであるという。

ここでいう成長動機とは、基本的欲求が満たされ、自己実現の欲求に動かされることである。

反対に欠乏動機とは、安全、所属、親密な愛情関係などの基本的欲求が欠乏している時に、それを満たそうとする動機である。したがって、人の心を失うことを恐れて、自分の本性を裏切るなどといった行動は、欠乏動機によるものといえる。

またマズローは、子供の場合、人から受ける賞賛と自己への信頼感とは対立すると言う。人から賞賛を得ようと努力すればするほど、自分を信頼することができなくなるのだ。

これと同じことをカレン・ホルナイは、「他人に迎合することの結果は、自分を頼りなく感じることである」と言っているし、ロロ・メイも、次のように述べている。

「われわれがだれか他人の賞賛を目あてに行動するとき、その行動自身は自分に対する弱さと無価値さの感情をそのまま思い出させるものである」（小野泰博訳『失われし自我をもとめて』誠信書房）

とくにロロ・メイは、このような態度は人間にとって最もひどい屈辱であり、それは臆病な気持ちにつながる、とまで言っている。

しかし、情緒的に未成熟な親のもとで育った人は、他人のお気に入りになることこそが、人から認めてもらう方法だと信じてしまう。ありのままの自分では、誰も好きになってはくれない、そう思い込んでしまうのである。こうして自分を偽り始め、ついには実際の自分がわからなくなってしまう。

心理療法の技法の一つ、交流分析では、"Don't be you"（あなたであってはならない）という言葉を、「親が子供の心を破壊するメッセージ」として取りあげている。「あなたであってはならない」とはすごい言葉であるが、これは考えてみると、マズローが言っているのと同じことを指しているのではないだろうか。

子供は親に気に入られるために、自分にとっては喜ばしい体験さえも否定してしまう。親のお気に入りの言葉を使い、お気に入りの態度をとらなければ、親はひどく不機嫌になるからだ。これはまさに「あなたであってはならない」というメッセージそのものであり、子供は自分の感じ方、考え方を断念するようになってしまう。自己喪失である。

私の幼い頃がそうだった。私はいつも父の気に入りそうな行動をとっていたが、それは具体的には社会的に偉い人をけなすことだった。そうしないと、父はものすごく不機嫌であった。そして「お前はそんな下らない駄目な人間になってしまったのか」というようなことを言って深い失望のため息をついた。
それは明らかに、「お前はお前であってはならない」という私に対しての強要であった。子供はとにかく、親が気に入る特性を身につけなければならないのである。親が気に入る特性を身につけた時にのみ、愛される。親の自己陶酔のために、愛されているのである。

そのように育てられた人は、どうしても心理的に不安定になる。成功している時のみ、相手が気に入ることを言っている時のみ、愛されるのであるから、逆にいつ相手から見放されるかわからないと感じている。その結果、周囲の期待に敏感になり、自分自身の願望は押さえつけてしまう。

こうして相手の気に入る人間になろうと努力すればするほど、自分に対する信頼感は失われていく。

◎——不安でたまらないから「よい子」を演じる

人が自分の本性に逆らう罪を犯すと、それは例外なく無意識のうちに記憶され、自己蔑視の念をかきたてる、とマズローは述べている。自分の本性に逆らって気に入られようと努力する場合も、どうしても自分で自分を軽蔑してしまう。それによって、傷つきやすくなるなど、さまざまな病的な心理傾向が表れると言う。

「よい子」を演じる子供は、いつも親の愛を失う不安を持っている。愛を失うことを避けるために、彼らはよい子であろうとする。見捨てられたくないから、誰よりも強く、優れていようとするのだ。

彼らにとってよい子であることは、親からほめられるための手段でしかない。本当の自分、実際の自分であったら親はほめてくれないであろうと感じているのだから、よい子を演じることは、実際の自分、本当の自分を軽蔑することにつながっていく。あるいは本当の自分に罪の意識を持つようになる。

そうなると、ますます「よい子」はいつもほめられていないと不安になる。実際の自分を蔑視するようになればなるほど、賞賛を必要とするのだ。そこで前にもまして親の顔色を窺《うかが》い、その承認を心理的に求めるということになる。

虚栄心やナルシシズム的傾向を持った子供は、いつも親にほめられていないと、自分は価値がないものと感じるようになる、とロロ・メイは述べている。だが、それは何もそんな特別な子供に限ったことではなく、一般に「よい子」は皆そうである。いつもほめられていないと、自信を失ってしまうのである。

◎我が子を精神的奴隷にしたがる親たち

相手の期待する特性を備えている時のみ愛される、ということによって起きる悲劇はこれだけではない。そこにはいつでも捨てられる可能性もあるということである。心理的に成長していない親、情緒的に未成熟な親、欠乏動機で行動する親、それらの親にはたとえどれだけつくしても、彼らにとって役に立たなくなれば、その子はすぐに見捨てられる。期待に沿わなくなれば、子供はいつでも見捨てられるのである。

自分の欲求を満たす相手がいれば、それはいつでも代えられるということである。これは当事者にとっては大変な悲劇である。当事者とはこの場合、子供である。

今述べたように、どれだけ自分を犠牲にして親のお気に入りになっても、親の期待する特性を失えば、子供はすぐに見捨てられてしまう。すぐに別の子供が「愛」を獲得する。そしてその子が、親のお気に入りの役を演じ始める。

親に必死になって迎合している子供は、彼らのお気に入りになった時に、「自分が」気に入られたのだと錯覚してしまう。自分はいつでもほかの子供に置き換えられる存在に過ぎないということに気づかない。

欠乏動機で動く親にとって必要なのは「精神的奴隷」であって、その子自身ではないということが理解できない。その子がいなくなっても、別の子が親を賞賛するようになれば、その子は忘れられる存在でしかない。親が求めているのは自分を尊敬してくれたり、欲求を満たしてくれる相手であって、その子供そのものではないのだ。

親にとって都合のよい存在として求められる子供とは、奴隷以上の存在ではない。親の欲求を満足させてくれるものであればいいのだ。また、子供は決して文句を言ってはならない。都合が悪くなれば、いつでも捨てられるからである。

精神的奴隷とは、何も親を賞賛することだけではない。要するに親にとって都合のよい存在であればいいのだ。たとえば父親に愛人がいるとすれば、その秘密が母親にばれないように動くというようなことも期待されるのである。

親子の関係で最も密接なのは共生関係であろう。お互いに自立性を犠牲にして成り立っている関係である。親から押しつけられた考えや感情を忠実に守り、二人で閉ざされた世界に生きる子供に多い。このような関係にある子供は、まさか自分がいつでも代えられる存在だとは思っていないだろう。

しかし、共生関係はやはり本当にふれ合っている関係とはいえない。お互いに一人の人間であることを放棄している以上、どんなに密接に見えても、そこに心のふれ合いはない。

共生関係にある者同士が、何かの事情で別離するということも起きる。たとえば親子で共生関係にありながらも、子供が心理的に成長して親と別れようとする。無意識のレベルで抑圧していた親への敵意が意識化されてくるからである。

こうして、親と別居するなどということが起きてくる。その時、子供は家を出て行くという自分の行動が、親に心理的打撃を与えると思う。共生関係にあると、相手から自分はすごく愛されていると錯覚するからだ。相手と自分が別れることは、相手にひどい打撃になるに違いないと思う。しかしそれはまったくの自惚《うぬぼ》れである。

というのは、共生関係にある相手は、またすぐに誰か別の人を見つけてしまうからである。つまり、共生関係というのは、相手を愛しているから成り立っているという関係ではないのだ。もし誰かまた心理的に依存する人ができれば、今までの相手のことは忘れてしまう。

心理的に成長すると、相手にとって自分はどのような意味を持つ存在かということが、理解できるようになる。その点、共生関係にある人はやはり成長していない。相手にとっての自分の価値が理解できていないのだ。相手にとって自分は変換可能な商品のようなものなのである。

◎自分を裏切り続けると生きることに絶望する

相手の自尊心にとりいらなくても、自分は人に認めてもらえるということが感じられた時に、人は心理的に安定する。そしてそのように成長できた人は幸せな人である。そんな人は、実際の自分を裏切ってまで、相手に認めてもらいたいという姿勢はない。人に認めてもらうということが、自分にとってそんなに重要ではないからだ。

このような人は当然、神経症などにならなくても生きていける。だが、心理的成長を遂げていない人にとっては、ありのままの自分で相手と相対するということは、大変なストレスなのである。

このストレスに耐えられず、実際の自分以外の人間になるという努力までして、相手のお気に入りになろうとする。しかし、それによって支払われる犠牲は想像以上に大きい。

実際の自分の姿を否定するのであるから、やがては生きている無意味感、無力感等に悩まされ、生きることに絶望していく。気力を失い、何も困難がなくても生きることが辛くなる。生きているということが耐え難いほど辛いものになるのである。

大切なのは、一緒にいるとストレスを感じるような人とは、こちらから進んではつき合わないことだ。ありのままの自分であっても、それが許されるような人とだけつき合うようにする。そうすれば無理なく自分も成長していけるし、ストレスにも耐えられるような人間になる。

一緒にいても、その人が求めるように感じなくてもいいし、考え方をしなくてもいい、その人に合わせて価値観を修正しなくてもいい、そんな人とつき合うべきである。

だが、どういうわけか神経症気味の人は、そういう人よりもむしろ、ありのままの自分であることを許してくれない人と一緒にいようとする傾向がある。それはそのような相手に心理的に依存しているからである。自分を偽り、相手に心理的に同一化することで、自分の無力感から逃げられるからである。

しかし、それでは悪循環だ。その時はそれでほっとするかもしれない。とりあえず自分を苦しめている無力感からは、気が紛れるのだから。しかし、結果として無力感はいっそう深刻になってくる。

その人に同一化して、心理的に自分もその人の栄光にあずかるというのは、一種の精神的な麻薬である。最も手っ取り早い逃避法であるが、事態を深刻化するだけで何の解決にもならない。

『預言者』を書いたカーリー・ギブランが恋人のハスケルに宛てた手紙の中に、次のような文章がある。

「貴方がなにになっても、私は貴方に失望しない」

このギブランのような親に育てられた人は幸運である。認めてもらうために、自分の存在を偽る必要などなかったはずだ。

だがそうでない場合、子供は親に喜んでもらうために自分の感情を犠牲にする。砂遊びをするにも、走るにも、折り紙をするにも、自分は何がしたいかではなく、何をしたら喜ばれるかをまず考えるのだ。

ありのままの自分が親に受け入れられているという基本的安心感の有無が、その人の一生を支配する。基本的安心感を感じられる人は、自分が自分であることを喜べる。だがそれがない人は、他人の顔色を窺う。他人の価値観のほうが、自分のそれより大切になってしまうのだ。

◎――よい子の核心にある「嫌だ！」という感情

あまりにも生真面目なために問題を起こす人というのは、長いこと自分の喜びの体験を認めてこなかった人ではないだろうか。ありのままの自分に対する肯定的感情を失ってしまっている人である。彼らにとって生きる目的とは、他人が受け入れてくれる自分を演じることであって、自分自身であろうとすることではない。

自身の喜びの体験より、他人からの是認のほうをいつも選んできた人は、ついには喜びの体験そのものができなくなる、とマズローは述べている。

また、ロロ・メイも同じようなことを言っている。すなわち、外側からの要求ばかりに従っている人は、幸福を得る力をも捨ててしまう。したがって従順であることによって、「よい子」であることが幸福と成功の条件であると教えることとは危険である、と。

従順であることによって「よい子」でいることは、自分を殺すことなのである。

人は子供の頃、家庭の中では許されなかったさまざまな感情を心の底に抑圧して生きる。また、よしとされる感情を持っている〝ふり〟をして成長する。それによって善と悪とを判断する。

私などは、兄弟喧嘩をするとひどく怒られた。父は「嫌だなー」と深いため息をついて、ものすごく不機嫌な顔をして、私を睨みつけるのだ。そのため私は一切の攻撃的感情を抑圧して成長し、神経症になってしまった。

また少しでもほかの人をほめると父に嫌な顔をされるので、いつも自分の感情を監視していなければならなかった。この世の中で一番いいところはこの家であり、世界で一番立派な人は父親であった。

そこで私はいつも今自分はどのように感じる「べき」かと自分に問いかけていた。そのうちに、自分は今どのように感じているのか、実際の感情が自分にもわからなくなった。

許される感情、持つべき感情、そのようにつくられた感情で生きていると、生きている実感がなくなる。立派な人なのだけれども、何となく存在感がないという人がいる。そういう人は今述べたような生き方を強制されてきた人ではないだろうか。

私は小さい頃から「嫌だ」ということを決して言わなかった。それは決して許されない言葉であった。しかし、実際の私はすべてにおいて「嫌」だった。自分でない自分を押しつけられ、嬉しくもないのに嬉しい顔をし、悲しくなくても悲しい顔をし、尊敬していないのにしているような顔をして生きてきた。それ以外に私が生きる道はなかったのだ。

このように、心の底では私はすべてが嫌だったが、その感情を抑圧して生きてきた。ところがある時「実は私はすべてが嫌だったのだ」と気がついた途端、肩の荷がすーっと軽くなったような気がした。やはり驚いたし、救われたように感じた。私は自分の自我の基盤が少し強化されたような気がしたのである。

そして私は「嫌だ、嫌だ、嫌だ、嫌だ、嫌だ、嫌だ」としばらく言い続けた。それまで私は歩くことも、走ることも、座っていることも、しゃべることも、黙っていることも、勉強することも、遊ぶことも、働くことも、歌うことも、何もかも嫌だった。つまり、生きることが嫌だったのだ。

遊びたくもないのに、気に入られるためにいかにも楽しそうに遊び、家の手伝いなんてしたくないのに、嬉しそうに手伝い、勉強したくないのに、ほめられるためにすすんで勉強し、何を求められても決して嫌な顔をしないで生きていた。「嫌だ！」。この感情は「何でも言うことをよく聞く、従順で素直なよい子」を演じてきた私の核心にある感情であった。その「嫌だ」という感情に気がついた時には、私は自分という存在の核心に触れたような気がしたのである。

◎——「あるべき自分」によって自己を失う

「お前が感じるように感じるな、私が感じるように感じろ」

これはグールディングという人の書いた交流分析の本に出てくる文章であるが、無意識的にこのように子供に強制する親は多いようだ。

もっとひどくなると、「私が要求する」ように感じろ、ということになる。そのような親に従順に忠誠を誓っている子、それが「素直なよい子」なのである。

従順な子は自分の住んでいる世界に脅威を感じている。まるで知らない怖い動物に囲まれているように感じているのである。そして自分を守るために他人の欲求に敏感になり、他人の期待に応えようとする。それによって自分を危険な世界から守ろうとしているのである。

ロロ・メイは「親の期待にそって生きることは、親からの賞賛や賛辞を得る方法であり、『親にとっての掌中の玉』（apple of the parental eye）であり続ける方法である」（前出『失われし自我をもとめて』）と述べている。

それが、不思議なくらい問題のない子、素直なよい子、驚くほど問題のない子である。利己的な子、悪い子と思われることを恐れて、怒りを抑える。だから、自分をはっきりと主張できない。従順な子供というのは、その点で神経症的な子供といえる。

そのようにして育つと「あるべき自分」が「実際の自分」に先行する。そして自分の可能性を実現しようとするよりも、「あるべき自分」になろうとする。その結果、実際の自分の人生を犠牲にすることになる。

したがって、生きる喜びの実感を失い、自己喪失に陥る。自分の生活を失い、自分の人生を失う。それが「自分がない人」である。

親の期待にしたがってのみ生きていれば、自分はこの人生で何をしたらよいのかということがわからなくなる。自分の内面に湧き出るものを感じることができなくなってしまう。

これは先に述べた「あなたであるな」というメッセージと同じである。現実の生活ではよく伝達されているメッセージである。

先のロロ・メイの本の中で、ある同性愛者の臨床例が紹介されている。彼は六人兄弟の末っ子で、四人の兄とすぐ上に姉がいた。その姉が幼いうちに死に、母親が末っ子の彼を少女のように可愛がるようになった。母親は彼に女の服を着せる。彼は彼で、女性的興味を発達させる。

彼は母親の期待する女の役割を演じ始めたのである。少女としての役割を受け入れることで、母親に気に入られようとしたのだ。

彼がもし少年のように振る舞えば、彼は母親に姉を失った悲しみを思い出させ、母の期待に背《そむ》く。まさに彼は、母親の期待をかなえるために現実の自分自身を裏切ったのである。

「親の目の中にある自分の役割、言いかえれば、自分自身の中に持ち運び、永続させているイメージに従って生活しなければならないなら、その人間には、自分の支持しているものはもちろん、自分が何を信じているのか、あるいは自分自身の力が一体どんなものなのか、こうしたことがわからないのである」（前出『失われし自我をもとめて』）

要するに、親の期待する役割のみを演じていれば、自己を喪失してしまうということである。その親の期待する役割を演じることが、実際の自分を裏切ることになる時、そうなるのである。

このような場合は「あなたであるな」というメッセージはよく理解できる。しかしこれと同じメッセージは、情緒的に未成熟な親からよく伝達されているのである。

たとえば子供が適当な年齢になっても、不安な親は、子が自分から心理的に離乳することを望まない。そこで子供は、自分の自立の願望を裏切って、いつまでも母親の「可愛い息子」でい続ける。自立できない弱々しい息子の役割を引き受けることが、親を喜ばせることになるからだ。

親に気に入られ、ほめられることが何よりも嬉しい子供は、いつも親の期待する役割を演じることになる。

◎自分の要求を放棄し、親の要求をかなえる

「あなたであるな」というメッセージには、もう一つ含まれているものがある。それは「あなたは実際の自分に気がついてはいけない」という禁止令である。

私の幼い頃の家族旅行の例で説明しよう。子供の頃、私は父と海に行くのは嫌だった。しかし父が期待していたのは、私が海に父と行きたいと望むことである。実際の私は父と海に行きたくないのだが、そのように望むことを期待されていた。父親から「あなたであってはならない」と、メッセージを受けていたのである。

それは同時に「あなたは、海に父親と行きたくないという本当の気持ちに気がついてはいけない」という禁止令であった。実際の自分に気がついてはいけない。これは大人になって、他人とのコミュニケーションをする際に、大変な障害

となる。人とふれ合えなくなるからだ。

さらにこれにはもう一つある。「父は海なんて行きたくないのだけれども、息子の私が行きたいので仕方なく行ってくれるのだ」と解釈しなければいけないのだ。こう解釈すれば、恩着せがましい父を満足させることができる。

これはつまり、実際の相手に気がついてはいけないということでもある。実際の父は、子供とべったりして家族一点張り、ほかに行くところがない。しかも一人ではいられない人だった。

要するに、実際の自分の気持ちにも気がついてはいけないし、実際の相手の気持ちにも気がついてはいけないということである。このような経験をしながら成長した人が、他人と心をふれ合えるような大人になるはずがない。

まさに他人とコミュニケーションできない分裂病（統合失調症）者のような、他者不在の自我状態である。私は青年時代、分裂病的傾向に悩んだ。その原因はいくつかあるが、その一つに父から受けたこのような強制的なメッセージがあったのは間違いない。

「自分がない人」の特徴は、心が他人に支配されるということである。他人のことが気になって仕方ないのである。だからいつも心が安定しないで、かき乱されている。自分がない人の心は、休息を知らない。

自分がない人は、他人との比較でしか自分をとらえられないので、他人のことが気になって仕方がない。「あの人にこう思われるのが悔しい」とか、「あの人がいい暮らしをするのが許せない」「あの人だけが甘い汁を吸うのがしゃくにさわる」「あの人が得をするのでは私の気がすまない」などと、他人との関係でいつも心が乱される。

つまり、自分の生活がないのである。これではどんなに偉くなっても、その人生は虚でしかない。いつも一生懸命やらなければ、と自分を叱咤《しった》し、馬鹿にされてはならないと張りつめている。だがそのわりには、心のどこかでいつも退屈している。一生懸命生きながら、その人生は虚でしかないとは何という悲劇であろうか。

ヒルティーは、自分に荷が勝ちすぎている役割を引き受けると、そのために不名誉を招くばかりではなく、本来その人が果たし得たであろう役割をも果たせなくなると述べている。自分がない人こそ、荷が勝ちすぎる役割を引き受けてしまうということは、興味深い事実である。

「あるべき自分」が先行するために、どうしても実際の自分には荷が勝ちすぎる役割を引き受けてしまう。そして挫折する。その結果がうつ病なのである。実際、うつ病になる人は子供の頃、従順な「よい子」であったケースが多いのである。

幼い頃、人は誰でも周囲の人の好意を欲しがる。その好意を得るためにはどのようにしたらよいか、子供はそれぞれ学ぶ。その中で従順な子供は、愛を得る方法とは、お行儀よく振る舞う、邪魔しない、自己主張しない、騒がないということだと学習したのだと前出のウェインバーグは言う。

愛を得なければ自分の存在には何も意味がないと子供は感じる。そのために従順にしているのである。従順な子供は、自分が無視されたり否定されたりすることを恐れているのである。

心を病《や》む人というのは、子供の頃「よい子」であった人が多い。またあとでも述べるが、分裂病者も、よい子であったケースが多いといわれる。

手のかからない、反抗しない子は、未成熟な親や支配的な親、自己中心的な親にとっては、素直なよい子に思える。そんな親は、自分の心の葛藤に心を奪われているから、子の心を理解する能力を持っていない。そのため、この子は手のかからない子なのではなく、子供自ら手をかけられないでいるのだ、ということに気がつかない。

子供からすれば、親の要求を一方的にかなえるだけの存在なのである。子供は自分の親への要求をすべて放棄している。本当は親に対して、自分の顔を見てほしい、自分の話を聞いてほしい、自分を可愛いと言ってほしい、自分と遊んでいることが一番嬉しいと言ってほしい、自分を抱いてほしい、もっと自分を求めてほしい、とさまざまな要求がある。

しかし子供はそれらの要求をすべて放棄しているのである。そして素直なよい子は逆に、一方的に親の要求をかなえることに神経を使っている。自分の存在を確認してほしいという切実な願いを放棄して、親の要求をかなえることにすべてのエネルギーを使う。

これらの子供の要求は、人間にとって本質的なものであるから、この時期に実現されないからといって消えてなくなるものではない。一生の間、無意識の領域から生涯にわたって、その子を支配し続ける。

結婚してもその要求は心の中で実現を求め、配偶者に歪んだ形で突き付けられることになる。いつも不機嫌で配偶者に絡んだり、束縛したり、嫉妬したりするのは、小さい頃実現されなかった要求を、さまざまな形で結婚生活の中で実現しようとするのである。

2章

過剰な愛と支配欲

◎親の精神的葛藤の犠牲になる子供

人は誰でも悩んでいることがあると、ほかには気がまわらない。それが葛藤に心を奪われるということである。親が自分の心の葛藤に気を取られて、子供の心まで考えが及ばないということはしばしばある。

悩んでいる人は他人の話を聞かない。もちろん聞いているのだが、そのことに注意がいかないのだ。悩める人というのはいつも自分一人の世界にいる。美しい景色があっても見ないし、見ていてもそこに心がない。美味しいものを食べていても、いつも何か別のことを考えている。

つまり、悩みのある人は、外の世界へ関心がいかないのである。そして感情だけはいつも高ぶっている。悩んでいる人は他人とふれ合うことができない。自分のことだけで精一杯なのである。

大人でもこんな悩める人物とつき合うことは骨が折れる。それを考えれば、心の葛藤に苦しんでいる親に育てられる子供が、どれほど辛いかは想像がつくだろう。

たとえば、社会的に挫折しながら、自分ではそのことを受け入れられず、成功などくだらないと主張している親がいるとする。そのように心の葛藤に苦しんでいる親にとっては、最も重要なのは自分の劣等感の処理であって、子供の心ではない。

我が子が今、何を訴えようとしているかなど、まったく関心がない。それよりも、自分は本当はすごく偉いのだぞ、自分は重要人物なのだぞ、と人々に示すことだけしか頭にないのである。

彼らの頭の中は、他人に自分が高く評価されたいということだけであって、子供が今何をしたがっているかなどには気がまわらないのだ。子供の悲しみより、自分の劣等感の処理で精一杯なのである。

たとえ子供が今、親の注目を欲しがっているとしても、それを理解することはまったく不可能である。こんな親にとっては、子供を理解するより、子供に自分を尊敬させることのほうが大切なのである。

さて、もう一度未成熟な親と、従順な「よい子」のことに話を戻そう。

社会的に挫折した親というのは、家庭では妻や子供からたえず賞賛されることを要求するという。私の父親などはまさにそのタイプであった。私はいつも、どのように父親をほめればいいのかに気を使っていた。

このように、家で自尊心の回復を図ろうとする父親を持った子供ほど可哀そうなものはない。先にも書いたとおり、子供の要求は一切無視されるばかりではなく、子供は親の要求をすべて実現しなければならないからだ。

「家では獅子、外では子羊」という父親はしばしばいるが、これは女性が最もいやがるタイプだとヒルティーは述べている。

しかしこんな父親に苦しめられるのは女性ばかりではない。私に言わせれば、一番辛いのは子供である。

ただ、ヒルティーは子供より女性に同情的である。

「けだかい女性が最も不幸な思いをするのは、彼女自身の選択が悪かったためか、または自分の家族の愚かさのために、柔弱な男と結婚する羽目に陥り、その男が世間に対して男らしく振る舞えない埋め合わせとして家庭において絶えず卑しい暴君ぶりを発揮する場合である」（『幸福論』二巻　白水社）

こんな父親は社会に対して不満だから、家族の誰かが少しでも社会を肯定するような発言をすると、もう大変である。

私の父などは、一切の社会的名誉や権力は卑しく軽蔑すべきものとして取り扱わないと、深夜まで不機嫌でいた。そのくせ最も社会的名誉に憧れていたのは父自身であった。こんな親のご機嫌を取ることは自分を偽ることであるから、次第に自分が嫌になり、不安定感を増す。

私が若い頃一時神経症になったのも、こんな少年時代の経験を考えると、無理のないことであったと思う。

◎——子供への過剰な愛は愛情飢餓の押しつけ

教育学者ニイルは、最低の父親とは、子供に感謝を要求する父親であり、最低の母親とは、ママのこと好き？　と聞く母親であると述べている。つまり、感情的に要求が過大な親である。

こんな親には、親自身に愛情飢餓感がある。子煩悩であることと、子供の心を理解することとは違うといわれるが、子煩悩といわれる親の中には、愛情飢餓感の強い親がいるというのが真実だろう。

さらに言わせてもらえば、子煩悩でとても子供を愛しているように見える親が、実は極めて支配的なタイプであることもあり得るのではないか。一見、本心から子供を愛しているように見えるが、その愛情の真の姿は支配欲であり、父親らしさ、母親らしさを押しつけることで我が子を支配している。そうすることによって、親自身の愛情飢餓感を満足させようとするのである。

「真の愛情は間接的に示される。直接的に特別に過剰に表現される愛情は誤った愛情である場合が多い」とはヴァン・デン・ベルク・J・H著、足立叡・田中一彦訳『疑わしき母性愛』（川島書店）に書かれていた言葉である。

もっと一般的な表現としては、フロイトの「誇張されて表現されたものは欠如を表す」という言葉がある。日常生活の中でささやかな振る舞いによって自然に表現されたものが、本当の愛情である。

たしか「過剰な虚偽の愛よりは、不足した真実の愛のほうが子供にとっては耐え易い」という言葉もある。残念ながら昔図書館で見た本で今手元にないので正確にこのようであったかどうかは確かでない。いずれにせよ、親が自分の心の問題に直面することを避け、自身の愛情飢餓感を子供に押しつけることによって、子供をおかしくしてしまうのだ。

ニイルが述べた最低の父親に関する定義も、〝恩着せがましさ〟という点から考えれば理解できる。

前にも述べたが、私の父は家族と海に行きたくても、決して自分から「行きたい」とは言わなかった。私に向かって「そんなに行きたいのなら行ってあげてもいいよ」と言うのである。父はどうも自分から、「みんなで海に行こう」などと言うと、それが弱みにでもなると思い込んでいるようであった。

そこで私はいつも父に「海に連れて行って」と頼んだ。もちろん私は父となど行きたくはなかった。ただ父は何事も、子供に対して恩を施すという形にしないと不機嫌であったから、そのようにしただけである。

父は明らかに子供に恩を着せること、子供を支配することで、自分の無力感を解消しようとしていた。

父は座っている時ですら、もったいぶっていた。〝忙しい〟父親としてはそこに座っているどころではないのだけれど、子供のために〝座ってくださっている〟と感じることを、私たちは強要された。

父は父親としての自分に自信がなかったのだ。しかしそれを認めることを拒んだ。そしてその反動として、父親としての自分の価値を強調した。

そんな父とのつき合いに私はストレスで消耗した。実際は暇な父に対して、〝忙しいのに申し訳ない〟という様子を、私はしていなければならなかった。

子育てに隠された動機がある時には、子供は何とはなしの圧力を感じる。不安、愛情飢餓感、無力感、社会的劣等感などが愛情という仮面を被って押しつけられた時、素直な「よい子」がつくられるのである。

愛という名のもとに何と多くの精神的殺人が行われたことであろう。

◎――子供を所有し、支配しないと愛せない

本当に子供を愛している親というのは、子供が離れていくことに、それほどの衝撃を受けない。愛しているから、その子を〝所有〟しなくても心理的に安定していられる。子供の幸せを喜ぶことができる。子供の幸せを自分の幸せとすることができるのである。

しかし一方、所有欲の強い親や、支配欲の強い親、ナルシシストの親などは、子供を〝所有〟していないかぎり、幸せにはなれない。支配していないかぎり、かわいがることができないのだ。こういう親にとって、子供をかわいがることと、子供を支配することは同じなのである。

またこんな親は、子供が自分とは関係のない世界で幸せである姿を見て、喜びを感じることができない。

子供を愛している親なら、幸せそうな子供の姿を見れば、いつでも、嬉しいものである。だが所有欲や支配欲が強すぎたり、ナルシシスト傾向のある親などは、あくまで自分と関係のある世界で、子供が幸せでなければ面白くないのだ。だから、子供が友達と旅行に出かけて嬉しいというのではだめで、子供が自分と旅行に出かけて喜んで、はじめて幸せになれる。自分の支配欲や所有欲が、子供との関係で満たされた時だけ、子供をかわいがる。

また、親はよく子供自身の潜在力を伸ばしてやりたいと言うが、実際には違う。ロロ・メイは、親は自分の息子や娘の自己実現は、あたかも自分の支配下にとどまっていることによってのみ、達成されるはずだというふうに振る舞っていると指摘している。

要するに、親は口では子供の自主性を尊重するとか、子供の自己実現を支援するとか言いながら、実際には子供を服従させようとしているのである。

レイン・R・D、エスターソン・A著、笠原嘉他訳『狂気と家族』（みすず書房）という本に、ある父娘のエピソードが出てくる。娘のルーシーは、チェロが得意で、プロの音楽家になりたがっている。

ルーシーの父親もバイオリンが弾ける。二人が合奏しているのを聴いたら、誰もが素晴らしい親子だと思ったに違いない。しかし彼女はチェロをやめた。父親の望みがわかったからである。それは、父親以外の誰とも彼女が合奏しない、ということであった。

外から見れば、この父親と娘は理想の親子である。しかし、父親が娘に望んでいることは理想どころか、子供の心理的成長を妨害することである。理想的親子関係と見られるものの何と多くが、子供を餌食にした親子関係であろうか。この父親は、ルーシーが家族以外の人間と関係を持つことに耐えられないのである。

◎自分の不機嫌を子供のせいにする

問題のある親のタイプにはいろいろあるが、その中に、自分の能力を、自分を成長させるために用いないで、子供に自分の価値を印象づけることに用いる親がいる。そんな親は、子供の一言、何気ない仕草に傷つき、怒る。

「人間の成長とは、自分の満足が、他人の自分に対する態度からどのくらい独立しているかということである」とはフロイトの言葉である。これは、ただ人間の成長というよりも、自我の確立ということであろう。自分ができてくると、他人の言動にいちいち左右されない。

このことについては、マズローも同じようなことを述べている。安全とか、所属とか、愛情とか、尊敬とかを求める欲求は、当人以外の人に与えてもらうしかない。そこで周囲に依存することになる、と。甘えの欲求などもまさにこの部類に入るだろう。

子供の言葉や仕草に傷つき、怒るような親は、自分の感情を子供の責任にしているのである。感情の責任転嫁である。たとえば、新聞の置き方一つでもう怒りだす。「お前がそういう新聞の置き方をするから、俺はこんなにイライラするのだ」と、父はいつも私を責めた。

つまり、新聞を置く、というだけのことでも、「私は父をこんなに尊敬しています」ということを、非言語的に伝えなければならないのだ。それが伝わらないと、父はひどく不機嫌な顔をして、「嫌だなー、こういう態度は」と怒りだし、ネチネチといつまでも責め続ける。そして、「お前はいつからそんな人間になってしまったのだ」と深いため息をついて、父が大げさに失望するのを耐えなければならなかった。

そういうふうに失望してみせることで、父は私に罪の意識を持たせようとしたのである。私は自分の新聞の置き方が悪かったことを悔い、その態度に深い罪の意識を持った。

交流分析で言う「あんたのせいでこうなった」である。このように言い続けられた子供は、両親の感情を左右するのは自分であると思うようになると交流分析では説明するが、まことにそのとおりである。

他人の不愉快な感情に自分は責任があると思うと、人と会っていても自信がなくなる。

交流分析では、慢性で定型化された不快感情を「ラケット」と言う。この不快感情は他人を変えようとするために使われるという。さらに他人の行動を変えることを目的にラケットを使うことを「強要」という。

未成熟な父親のもとで育った私は、若い頃、いつも罪の意識に震えていた。何をしていても自信がなかった。人と会っていても、いつ自分が相手の気分を害してしまうかと、絶えずびくびくしていた。

こんな調子だから、自分の意見など怖くて言えなかった。それどころか自分の事情を説明することもできなかったし、相手に質問することもできなかった。そうやって相手の気分を害してしまうのではないかと恐れたからである。

自分の存在に罪悪感を持ってしまった者は、人生に恐れを感じている。心理的に健康な人には、こんな辛さは想像できないだろう。とにかく何をしていても自分がやましいのだ。いつも自分がうしろめたく、悪いこともしていないのにやましさに悩まされる。

そのため、何となく言い訳がましくなる。相手が責めてもいないのに、言い訳を始めてしまう。相手にいつも自分の正しさを証明していないと、気持ちが落ち着かないのだ。いつも自分が疑われているような気持ちがするから、自分は悪いことをしていないと四六時中証明していようとするのである。

◎──うつ病者の幼少期も「よい子」

「うつ病者の幼少期も、多くは、『よい子』である。しかし、その意味は違って、かいがいしい、よく気のつく、けなげな『よい子』であるようだ。土居の『甘え』の理論に照らせば、どちらも『甘えない』子であるが、分裂病者の幼少期が『甘え』を知らないか『甘え』を恐怖するのに対して、うつ病者の幼少期は『甘え』をよくないこととして断念している印象がある。いや、親をいたわり、『甘えさせる』子であることすら多い。そして周知のように、日本の親は……結構、子に『甘える』のである」（中井久夫「再建の倫理としての勤勉と工夫」―『躁うつ病の精神病理』一巻　弘文堂）

なぜうつ病になるようなよい子は、甘えたいのに甘えられないのだろうか。それはここに書かれているように、幼少期に、〝甘え〟をよくないこととして断念しているという面もあるだろう。だが私は理由はもう一つあるように思う。

それは甘えたいのだけれども、心の深いところで親を信頼できないということである。あるいは心の深いところで親に敵意を持っているからである。相手に甘えられるのは相手を信頼しているからである。いわゆる「よい子」と親の間にはこの信頼関係がない。

また先の文にあるように、日本の親は「よい子」に甘える。日本の親というより、「情緒的に未成熟で愛情飢餓感の強い親」と言ったほうがいいかもしれない。子供が親を喜ばそうとしているのだから、子供が親をおもりしていることになる。子供は親への不信感から〝甘え〟を断念し、分不相応に背伸びをするのだ。

そして、「しばしば親たちは、子供にしがみつきたいという、自分の持っている無意識的な欲求にまったく気がついていない」（前出『失われし自我をもとめて』）。

よい子であった私の体験で言えば、素直な「よい子」は淋しい。しかし、そう感じることすらも、禁じられている。そして自分で自分が頼りなく、心の中は恐怖と不安に満ちている。

親は自分の孤独感を癒すために、その淋しい子供にしがみつき、子供を自分の支配下におこうとするのである。

◎——二重束縛のコミュニケーション

先の論文に出てくる分裂病の原因について少しだけ触れておきたい。その原因としてあげられる一つに、二重束縛というコミュニケーションがある。

例によって私自身の体験から説明してみたい。私の父は極めて支配的であった。もちろん本人は、自分の支配的傾向を認めてはいなかった。

その父に、必ず守るべきとして押しつけられた美徳は、〝従順〟ということであった。

「諦三、守るべき大切なこととは何だ？」と質問され、一番大切なことは従順です、と毎日復唱させられた。従順は絶対の美徳であった。それは、実質的には、私の服従ということであった。父は私を絶対的に服従させることで、自分の心の不安を押し静めていたのである。

無力感から支配的になっている親にとって、子供の自立的傾向は不安をもたらす。したがって私の場合は父親に、「自主的に服従」していた。命令に従って服従しているというのでは、父は満足しなかった。

なぜなら父は、いつも自分は民主的な父親だと主張していたからである。だから必要なのは、私が自分の意志で「自ら望んで」行った行動が、父の望みをかなえることなのである。

父の本質である支配的傾向を満足させながら、あくまでも父の〝民主的〟建前も満足させなければならない。そこで私はいつも弱々しく振る舞っていた。それが私の役割なのであり、私は見事に果たさなければならなかった。

さて、この〝従順〟ということ以外に、私が教えられた美徳はもう一つあった。いつも私は二つのことを一緒に言わされていたのである。

それは「豪胆」である。豪傑のように強くなければいけないという教えである。私はいつも「大切なことは従順と豪胆です」という答えをしなければならなかった。

この豪胆さもまた、どんな時にも守るべきものとされた。ある時など、私は屋根の上から飛び降りさせられたことがある。今でもその時の恐怖は忘れられない。私が怖がっていたら、父に嘲笑された。高い所から飛び降りるのを怖がるのは、豪胆という美徳をまだ備えていないというわけである。

父自身は大変に臆病な男であった。しかし父は絶対に自分の弱さや臆病を認めようとしなかった。そして、自分の弱さや臆病を抑圧し、その抑圧した部分を子供である私に投影した。つまり、私の中に臆病な性質を見いだし、それを非難することで、自分の心の葛藤を解決していたのである。私の持つ弱々しいところを無理に見つけ出しては、声高に非難した。

また小さい頃のある時、停電して家の中が真っ暗になったことがあった。私は震えながら階段を上っていった。気がつかなかったのだが、階段の上には父がいたのである。彼はいきなり、大声と同時に私の体をつついて脅かした。私は驚きのあまり、すんでのところで階段から落ちそうになった。それを見て父はわっはっはと大笑いし、私を「駄目だな、いくじなし」と嘲笑したのである。

幼い少年の日、私の耳に何度この「いくじなし！」という非難が響いたことだろう。嘲笑されて「いくじなし」と言われたこともあるが、またものすごい形相で「いくじなし！」と睨みつけられたこともある。私はそのたびに震え上がっていた。

抑圧からくる心の葛藤を解決するために、他者に対してする非難は冷酷を極める。「自分自身の力について、内心、しばしば無意識的に自信のない親は、自分の子供に、とりわけ勇気、独立、攻撃性などを要求する傾向がある」とロロ・メイが述べているとおりである。これは抑圧、投影のメカニズムである。

つまり、無理な要求をするだけではなく、相手がその要求に適《かな》わないということで、激しく非難し、その非難を通して自分の心の葛藤を解決するのである。

たとえば、私の父の場合、彼は自分が男らしい人間でないことを、心の底では知っている。しかしそれを認めることができない。あくまで自分は男の中の男であると思い込もうとする。するとそこから、激しい葛藤が生じる。その葛藤の解決が、抑圧したものを投影して非難することなのである。

話を二重束縛について戻そう。私は一方で弱々しく振る舞うことを求められ、他方で同時に豪胆に振る舞うことを求められた。愛と拒絶の両方に接するのと同じで、私にとっては解決不可能な課題であった。

「杖をあげて犬を呼ぶ」という格言があるが、これと同じである。呼んでいるので犬が近寄ろうとすれば、杖をあげている。杖をあげているので逃げようとすれば、呼んでいる。二重束縛とはこのようなコミュニケーションである。

不安を感じている子供は、安心することとさえできれば、何でもする。不安を避けられるなら不快になってもいい。不快より不安のほうがはるかに辛いのだ。不安でなければ不幸であることなど何でもない。

もし親が本当に子供を愛しているなら、その子は不安にはならない。自分の弱点を自由に示せるし、感じたままに自然に振る舞えるからである。そこに自発性が育つ。安心している子供は、人によい印象を与えようと努力したりはしない。自分のできることをしようとするのだ。

それに対して、不安な子供は、親に気に入られることばかりに気を使い、その

ために エネルギーを使い、自分が何を望んでいるかがわからなくなる。そして自己実現の能力を失ってしまう。

「よい子」として成長し、大人になって挫折する人は、幼い頃、周囲にいた人から自分と違った自分になることを求められ、強要されたのかもしれない。そして周囲の人に認めてもらうために、その人はそれを受け入れた。そしてその後、この疑似自己にしがみついて生きてきたのである。

そしてそれが破綻した。実際の自分でない自分を演じれば演じるほど、実際の自分を心の底で軽蔑するようになるのは当然である。

幼年時代が楽しいものであれば、その残照は一生涯消えないものであるし、その逆の場合は、苦い不快感が生涯を通じて尾を引くものである、とヒルティーは述べている。幼年時代の楽しさは生涯の財産であり、逆に幼年時代の悲しみは生涯の負債となるのである。

3章
不安が心の病を引き起こす

◎――不安には三つの性格がある

見捨てられる不安というものについて、もう少し考えてみよう。不安とはどういうことかについて、ロロ・メイは次のように説明している。

戦場で戦っている兵士を想像してみよう。もし敵が、味方の通信センターを爆破したらどうなるか。

おそらく味方の軍隊はその方向性を失い、右往左往するばかりでなく、もはや戦闘単位として存在しなくなるだろう。その時の兵士の状況が、不安である。不安は人間の生きる方向性を失わせてしまうのだと、ロロ・メイは言う。何をしていいかわからない状態である。

人は不安だとそのままにしていられない。焦燥感にかられたり、神経症的な競争意識を持って人を不幸にしようとしたり、食欲不振に陥ったり、不眠症に悩まされたり、人に極端に迎合したりする。

不安をもたらすものは、心の葛藤である。その葛藤の解決の仕方に応じて、三つの基本的性格があるとカレン・ホルナイは言っている。

その一つは、たとえば、自分で無理やりよい子になろうとしている、いわゆる「よい子」などである。相手の考えがわかるまで、自分の意見を言うことをのばす。というよりも自分の意見はないと言ったほうがいいかもしれない。

次は、その場に似つかわしくない喧嘩腰の態度に出たりする性格である。三つ目は引きこもる性格である。

子供が最初に感じる不安は落とされること、置き去りにされること、捨てられることである、とは交流分析の大家、ムリエル・ジェームスの言葉である。

◎——母親との信頼関係が持てないと……

原信頼という言葉がある。この原信頼を持てなかった人、いわば原不信頼を持っているというべき人たちがいる。幼児期に母親との間でできるはずの信頼関係を築くことに失敗した人である。母親が心理的成長に絶対に必要な保護を与えなかったなどという時に、その人は生きることや、自分をとりまく世界に対して、根本的に不信感を抱く。

そんな人は、どうしても心の底では人の好意を信じられない、愛情を信じられない、生きることに安心感を持てない、などといったふうに、心理的に欠陥を持つようになる。

幼い日に自分が困った時、きっと母親が自分を助けてくれると思った。それなのに母親は助けてはくれなかった……。そんな体験を積み重ねるうちに、人や自分を信頼する基本的な能力が失われていくのではないだろうか。

たとえば、自分がやってもいないことで責任を追及される。自分はしていないのだから追及されても安心しているし、母親が助けてくれることを期待している。しかしその母親に裏切られる。

また、母親が支持してくれることを期待しながら、自分が正しいと思うことを言う。恐れている父親に自分の意見を言ってみる。母親が味方だと思っているからである。それなのに、母親は自分を批判する側に回る。

こんなふうに、繰り返し繰り返し母親に裏切られたらどうなるか。少年少女時代ならまだしも、その前の幼児期だともっと深刻である。周囲に対して全く無力であるということは、すべてが自分に敵対しているということであり、世界は恐怖に満ちた場所になる。

母親が自分を保護してくれるどころか、母親が自分に対して暴君と化すこともある。実際、育てられる人にいじめられる子供もいる。そんな子供にとっては、世界は毒蛇がそこらじゅうで鎌首をもたげている密林のようなものである。

たとえ実の母親であっても、子供の自然な成長を待てずにヒステリーを起こして子供を怒ったり、言うことを聞かないのでいじめたりすることもある。とくに、神経症的な親は子供に無理なことを要求することが多い。幼児にとって、親にいじめられるのがどれほど恐ろしいことかは、われわれ大人の想像を超えたものがあるのではなかろうか。

よく精神分析の著作に表れる「見捨てられる不安」というのは、無力な自分が、このように恐怖に満ちた世界に一人見捨てられるということが問題なのである。見捨てられるということは、単に孤独になるというだけではない。自分が人の好意を必要とするような世界で、一人になるということである。人の助けがなければ殺されてしまうような恐怖に満ちた世界で、一人で取り残されるということなのである。

心理的に健康な人にとっては、世界が怖い所だとはなかなか想像できない。だが、不安な人にとっては、先にも書いたとおり、まさにそこらじゅうに毒蛇が鎌首をもたげてこちらに向かって赤い舌をペロペロと出している場所なのである。

そのような世界で、自分を助けてくれるはずの人が自分を見捨てる、これは絶望的なことである。その時の感情は不安というよりも、恐怖といったほうが適切であろう。

毒蛇の住む世界で誰も自分を助けてはくれないと感じた恐怖の体験は、その人の一生を支配しかねない。事実、多くの人は幼少期に必要な助けを受けられない体験を重ねるうちに、自分の性格をつくっていってしまう。

助けてくれると思っていた母親が、わが身を守るために、子である自分を見捨てた。こんな体験をした者は、もう誰のことも信じられなくなる。そんな人が力のある者に迎合して、その者に都合のいい存在になることで自分を守ろうとするのは、当然ではないだろうか。

◎──見捨てられる恐怖よりは服従を選ぶ

つまり「よい子」はよい子にしていることが最も安全なのである。よい子でなければ、自分はこれから先どうなるかわからないという恐怖が、彼らにはある。その恐怖からよい子でいるだけである。

小さな子供は、親から見捨てられたら自分はどうしていいかわからない。彼らにとって見捨てられるということは、殺されるということに等しい。小さな子供が見捨てられる不安を持つということは、殺すぞと脅かされているのと同じことなのだ。

こんな親を持てば、子供は親に迎合し、親がどんなに理不尽なことを言っても従順に従わざるを得ない。そしていつも、どうしたら自分の安全が確保されるかと、必死でよい子を演じることになるのである。

よい子を演じる子供は皆、相手の言うとおりにしないと、どうされるかわからないという恐怖を持っている。言うことを聞かないとあとが怖い。そこで相手の望みがわかるまで意見を言ったりしない。こうすれば喜ばれるということがわかるまで、自分の行動をのばす。

単に「見捨てられる不安」という言葉だけを読むと、その恐怖感は伝わってこないかもしれない。だが、よい子が持っているのは、見捨てられる不安というよりも、言うことを聞かなければ何をされるかわからないという恐怖である、といったほうが正しい。

危険がいっぱいで、しかも言葉のわからない外国で、助けてくれる人は一人もいない。そのようなところに滞在することを想像してみよう。近くに一人だけ悪人だけれども、自国の人がいるとする。彼はそこの事情にも通じているし、言葉もできる。腕力もたくましい。そんな時、人は、悪人と知りながらも、相手の機嫌を害さないように、言うなりになるのではなかろうか。

なにしろ、その人の機嫌を損ねたらあとが怖い。何をされるかわからないし、それならお前、勝手にしろと放り出されたら、生きていけない。彼に腹を立てることは、自分の気持ちを不安定にする。それよりは、たとえ彼にいいようにされても、それに対して理屈をつけて納得しているほうが、気分的には落ち着いていられる。

相手を憎むより、よく解釈しているほうが気持ちは楽なのである。その人を憎むことは骨が折れるし、心の中で攻撃することにはエネルギーがいる。相手が自分に対してすることをよく解釈して、文句を言わないほうが、心理的に楽である。それに、相手を憎むと、何となく自分が頼りなくなる。もともと頼りないものでしかない自分の立場を、その人を憎むことで自覚するからであろう。

こんな場合、誰でも相手に従順になるだろう。ご機嫌を取ったり、顔色を窺ったりして、彼は悪人ではなく、よい人だと思い込もうとする。そして不当な扱いも当然と解釈する。まったく無力な自分としては、何をされてもなす術はない、相手の言いなりになるしかないのである。万一彼に従わなければ、あとはもっとひどいことをされるかもしれない。しかもその状態はいつ終わるとも知れないのである。

そうなれば、人は相手のすることを自分に納得させようとする。相手を悪く解釈することは、勇気のいることである。それは相手に立ち向かうことだからだ。こういう状況でそんな勇気のある人は、滅多にいるものではない。

おおよそこのような状態の、もっと悲惨で深刻な状態を想像してみれば、「言うことをよく聞く素直なよい子」の実際の姿が理解できるのではなかろうか。このように育った者が、心理的に健全に成長しているはずがない。彼らにとって、いつまでたってもこの世の中は危険に満ちたものである。実際にそのように自我の発達を阻害された人にとっては、誰かの好意と助けなしには生きていけないのである。いつも生きることに脅《おび》えている。

◎——相手に迎合することで自分を守る

内沼幸雄氏の「対人恐怖から躁うつ病へ」という論文（前出『躁うつ病の精神病理』四巻　弘文堂）に、フェアバーンという人の言葉が紹介されている。

「よい神のしろしめす世界に罪人として生きるほうが、悪魔の支配する世界に聖者として生きるより安全なのだ」

自分の身が危険と感じていればいるほど、相手を悪く解釈するには勇気が必要である。相手を悪く受け取れば自分はいつもっとひどい罰を受けるかわからない。それが怖い。

たとえば、危険な地において同じような状態にある集団を考えてみる。その地のことに通じているのは、その集団の支配者ただ一人だとする。あとの人はまったくの無力で、何をされてもなす術はない。しかもその支配者は非情な人である。

そのような時に、支配者への憎しみを仲間と語り合えるであろうか。とても怖くてできないはずだ。支配者へ密告でもされたら、殺されるかもしれないからだ。何をされるかわからない時には、たとえ極悪非道な支配者でも、悪口など言えるものではない。誰もが、感謝の言葉は大きな声で言うであろうが、非難の声を出せる人はいない。

その集団の成員にとって、支配者を憎むことなどしないほうがずっと心理的に楽なのだから、そうしないですまそうとするのは自然なことである。むしろその凶暴な支配者を、よく思おうとするだろう。非難攻撃の気持ちは、自分に向けていたほうが安全である。まさにフェアバーンという人の言うとおり、神の世界で罪人として生きるほうが安全なのである。しかしその神は悪魔である。

自分を支配する悪魔を悪魔と考えるよりも、悪魔を神と考えたほうが心理的には楽である。悪魔に抗議することは恐ろしい。自分が安全な所にいれば、悪魔についてどのように偉そうなことも言える。しかし自分が危険な状態にある時、攻撃性を意識することは勇気を必要とする。

ガントリップという人も、このフェアバーンの言葉を、おのれの欲求を満たしてくれない環境におかれた子供の苦境を鮮やかに表現するもの、と述べている。

問題は、こんなふうに小さい頃に親との間によい関係を持てなかった人が、大人になってからも同じように脅えて生きていることである。

自分をとりまく世界をそのように認識してしまうと、大人になっても、相手に迎合することで自分を守ろうとする。先に述べた原不信頼である。危険な時、誰も自分を助けてはくれないという感じ方である。

それは、自分がまだ何者かもわからず、記憶力もない時期につくられた世界の認識の仕方、感じ方であり、無意識的なものである。

危険な世界で助けを求めて叫んだ時に、母親は知らん顔をした。その裏切りを知った時の恐ろしさ、自分をこの世界で助けてくれる人はいないのだと知った時の身震いする恐ろしさ、その恐怖の体験がその人の心の底に記憶される。そしてその記憶が、その人を一生、無意識から支配し続けるのである。

◎──うつ病者、登校拒否児も人間不信から

よく、うつ病にかかる人の性格として、人と対立することができないとか、人に受け入れてもらうことを生命的に要求している、などといわれる。カレン・ホルナイも、神経症者は人に受け入れてもらうことが、生命的重要さを持つと言っている。

しかし、私の解釈によれば、それだけそういう人はいつも危険地帯にいるのである。そのように人と対立できない人は、心の底で世界を危険なものだと感じているのであろう。そして意識しているかどうかは別にして、無意識の領域では、危険に際して誰も自分を助けてはくれないと感じているに違いない。

だから、怖くて人と対立できないのである。皆に好かれていたい。力のあるものに生意気だと思われたら生きてはいけない。まったく無力な幼少期に、この世界が危険だと認識してしまったからである。助けを求めて叫んだ時に、誰も助けてはくれなかった。その体験がその人の原不信頼となって、生涯を支配する。

要するに人を信頼できない。何も信用できないのである。

よくいわれる登校拒否の問題も、原因はやはり親を根本的に信頼できないということではないだろうか。親を信頼できないから、家を離れるのが不安なのである。自分がいない間に、何か家に大変なことが起きるかもしれないという不安である。

親が倒れるかもしれない、ものすごい夫婦喧嘩が起きるかもしれない、自分の生存の拠点が破壊されて自分のいる場所がなくなるかもしれない。そんなたまらない不安が子供の中にあるのではなかろうか。

それはつまり、自分が心理的にも肉体的にも依存している場所を、信頼できないということである。だからそこを空けることができないのである。

どっしりとした信頼感のある人がいる。そのような人を親に持つと、子供は安心して家を離れ、外で遊ぶことができる。しかし余裕のない、安定感のない親を持つと、子供はそうすることができない。

こう考えると一見、親への思いやりがある優しい子が登校拒否になりやすいのではないだろうか。彼らは実は、甘えの欲求が満たされていない子供たちなのである。

甘えの欲求は、信頼でき安心できる親がいて、はじめて満たされる。いつ不機嫌になるのかわからないような気分屋の親にどんなにかわいがられても、子供は不安で緊張するばかりで、甘えの欲求が満たされることはない。そして登校拒否に表されるような、さまざまな心理的疾患を引き起こすのである。

◎憎しみや敵意を無意識に抑圧する

さらに重要なことは、そのように助けを求めた時に自分を見捨てた母親ですら、子供は優しい母親と思わなければならないことである。見捨てられた時に感じた驚きと恐怖と絶望の体験は、すべて抑圧しなければならない。なぜなら自分の身が危険な世界では、人を悪く思うことはさらに危険なことだからである。

そこで、すべての人に都合のいい存在になることで、自分の身を守るしかない。母親にもよい子として振る舞う。「よい子」になってすべての人の精神的奴隷になるのである。

何度も言うように、自分の力では生きていけない世界で、自分を助けてくれる人はいない状態なのである。怖い、怖いとどんなに叫んでも皆知らん顔をしている。母親が助けてくれると期待したのに、助けてくれない。

そうと知った時の驚愕が、その人をすべての人に迎合する人物に仕立て上げてしまう。助けが必要な時に見捨てられたからこそ、相手を悪く思うことはできないのである。

自分一人の力では何もできない、生きていけない。これからどうなるのか不安で仕方ない、自分の力ではこれからのことを決められない。生きるためには人の助けが必要である。子供の頃は、誰でもこう感じている。それなのに、周りの人々は実は自分の味方ではない、この世界は自分に敵対している。そう感じた時の幼児の恐怖は、大人になった我々には想像もつかないほど大きい。

おそらくその恐怖は心の深いところで記憶されていて、夢などに現れるのではないかと私は思っている。大人になって怖い夢を見て体がこわばって動けないという時がある。目が覚めてそれが夢だとわかってからも、しばらくは怖くて体の震えが止まらない。

そのような怖い夢を見た時、そこに登場した人物との過去のかかわりあいを思い返してみると、よく意外な過去の体験を思い出して、驚くことがある。それはたいてい、その人に対する恐怖の体験である。

私の場合、昼間に感動的な体験をしたり、何か心が興奮していたりする、そんな夜によく恐怖の夢を見る。たとえば長期にわたって旅行をすると、大自然に深い感動を覚え、日常的な心の壁が壊れかかろうとする。そのような夜には、たいていうなされるような恐怖の夢を見るのである。

それは本当に怖い夢である。敵陣に一人見捨てられて、知っている人は皆逃げていってしまう。どんなに叫んでも誰も助けてはくれない。なぜか皆は自力で逃げられるのに、自分は助けがなければ逃げられないのだ。そして母親を含めて、まさかあの人がと思う人が、皆知らん顔をして自分を見捨てていってしまう。

危険な世界でも自分を守る力を持っている人は、自分を見捨てた者を非難することができる。しかし迎合する以外に自分を守る方法を知らない人は、攻撃性を抑圧しなければならない。憎しみ、敵意を無意識の領域へと追いやるのだ。

だから、恐怖の世界で孤立していると感じている者は、憎しみを意識できない。もちろん心の底では、憎いという感情を持っているのだが、人によっては一生、それを意識しないで死んでいく。それは悲惨な一生である。ただただ人に迎合するだけで、一生自分の実際の感じ方を意識できないまま、死んでいくのである。

本当は心の底では相手を憎んでも憎みきれないほどなのに、それを意識するのが怖くて、優しくてとてもいい人だと自分に思い込ませる。そんな人は一生心理的に不安でびくびくして、人の顔色を窺うだけで終わってしまう。人に利用されるだけ利用され、搾取されて、何のために生まれてきたのかわからないような人も多い。

人は恐怖から自分の感情を裏切る。憎い人を憎いと思うことが怖いから、優しいと思い込もうとする。また、耐えられないほど悲しいことを、悲しいと感じることが辛すぎるから、何でもないと信じ込む。心の底では憎い、怖い人と感じているのだが、意識化できないのである。

このように、自分の実際の感情を避ける人は、心理的成長にも失敗する。自分の母は冷たい人である、いつも自分を裏切る、母は自分が恐怖から助けを求めても知らん顔をしている。こういった現実はあまりにも辛いし、またそのように悪く解釈するにはあまりにも孤立感と恐怖感が強い。

そこで、幼少期に母親との良好な関係に失敗した人は、自分の実際の感情とふれ合うことなく生きていくことになる。こんな人は、とにかく人との感情のぶつかり合いを恐れ、避ける。しかし人間が成長するには、自分が実際に味わった感情を味わって生きることが必要である。それらを避けるということでは、なかなか成長できないのである。

◎「酸っぱい葡萄」と「甘いレモン」

悲しみ、怒り、情けなさ、惨めさ、憎しみ、それらさまざまなマイナスの感情を味わおうとせず、避けようとすることが防衛である。そのような感情を味わうことができるほど、強く成長していないということである。そのような辛い感情に耐えられないから、避けるか、合理化し、別なものにすりかえて解釈する。

これらの例が、「酸っぱい葡萄」と「甘いレモン」である。もっとも『イソップ物語』に出てくる酸っぱい葡萄は取ろうとしても取れないから、あの葡萄は酸っぱいと言ったのであるが、ここで酸っぱい葡萄というのは、実際に甘い葡萄を食べながらもそれを酸っぱいと言い張ることである。その人本人も甘いものを食べながら酸っぱいと意識している。実際には楽しい生活をしながら、それを楽しいと感じることが、依存している力のある人の意向に沿わないと思っている時に、その楽しい生活を楽しくない生活と思い込む。楽しいと感じてしまうことが怖いのである。

この逆が「甘いレモン」で、実際は酸っぱいレモンを食べているのに、それを甘いと本人が思うことである。実際の生活は辛くて悲しいことばかりだが、その辛さ、悲しさの感情を意識することは、依存している相手を裏切ることになる。それが怖くて辛いのに楽しいと感じようとし、楽しいと言い張る。辛いという実際の感情は抑圧される。そしてこれは楽しいことなのだと思い込もうとするのである。

「甘いレモン」というのは誰が言いだしたのか知らないが、甘いレモンと酸っぱい葡萄は防衛の心理であり、それをしていると、いつになっても人と心をふれ合うことはできないのである。

4章 見せかけだけの適応

◎――なぜ人との対立を避けるのか

うつ病的な人は、人と対立することができないということは前述した。人と対立して気まずくなるよりも、自分を抑えるほうを選んでしまうのである。自分の気持ちを表して相手と対立する辛さよりも、自分を抑える辛さのほうが楽なのである。

気が弱そうに見える人や、立派な感じの人、おだやかそうな人、それにいわゆる「できた人」という感じの人の中にも、このように対立することを避けている人が多い。それは、自分がそうせざるを得なくてしているだけで、別にそれが立派なことだと思っているわけではない。

つまり、彼らは人に腹など立てたりしないほど、できた人というわけではないのだ。ただ、人と対立することの気まずさに耐えられないだけの話である。それも、本人がその気まずさを感じるということであって、相手が感じているのではない。

相手はそんな気まずさを感じていないから、自分をはっきりと表現するのである。それが強さである。これは決してわがままとか、甘えを言っているのではない。

自分を表現することには常に、相手と対立する危険性をはらんでいる。その対立を恐れるものは、腹が立っても、それを表現することを我慢せざるを得ない。しかし、このような我慢は当然、心理的にさまざまな害悪をその人に与える。その我慢によって自分を弱く感じるようになるのである。

何よりもこの我慢は、その人からエネルギーを吸い取ってしまう。怒りを抑えて生きているものには活気がない。侮辱されてもそれに抗議ができない。抗議することで今までの関係が壊れることを恐れるのである。

小さい幼児であれば、母親に抗議することで、今まで母親から得ていた満足を失うことを恐れる。母親が与えてくれたミルク。そのミルクに伴う、母親との接触からくる満足。それらを失う危険を冒すくらいなら、母親への怒りを我慢したほうがいいということである。

しかし、不快な経験を不快と表現できないことによって、失うものはあまりにも大きい。まず、前述のように、自分を力強く感じることができなくなる。ついでその我慢によって、その人の心理的エネルギーは吸い取られてしまう。そこで、いつまでも人に依存し、人の世話になろうとする。結局、いつまでたっても心理的に成長できないのである。

幼い頃の愛情不足体験は、その後の人生にもさまざまな影響を及ぼす。人と対立できないのもその後遺症の一つである。人から何か頼まれると断れない。相手が自分を侮辱するようなことをしても抗議できない。怒りを表現できない。

それは前述のように、そのつき合いによって得ている、わずかながらでもの満足を失いたくないからである。断ることによって生じる罪悪感、気まずさを避けようとするのである。

◎相手への怒りを自分に向ける

夫に浮気をされながら、それを我慢している女性は多い。夫のほうはすでに別の女性と暮らしていて、妻とは別れたがっている。だが、妻のほうはあくまで別れようとはしない。こんな場合、もちろん妻は夫に腹を立てているのだが、しかしその怒りと敵意をぶつければ、夫はますます自分から離れていってしまうと思い、我慢しているのである。

そして、たまに帰ってくる夫を笑顔で迎える。腹の中は怒りと嫉妬で煮えくり返っている。なかには自分の感情を完全に抑圧しているために、怒りを覚えない人すらいる。しかし、そういう人たちに、神経症になってしまうケースが多いようである。

ことに愛情飢餓感の強い女性なら、わずかでもつながっている相手との関係を維持しようと、自分の怒りを抑えに抑える。そしてついには、夫がこうなったのは、自分に至らないところがあるからだと自分を責めだす。

相手に向かうべき怒りが自分に向けられるのである。こうなってくると、もう自分はこの人生で何をしたいのかということもわからなくなるし、何よりも人を愛する能力を失ってしまう。ただひたすら愛されようとし、恨みがましい人間になっていく。

夫との関係を失いたくないために、怒りを自分に向けるうちに、自分に自信がなくなっていく。自信を喪失し、ただひたすら相手に気に入られることで生きようとし、そうでなければ生きていかれないような人間になっていく。いつもビクビクして、人の目を窺うような人になる。

決定的なのは生きることを楽しむ能力の喪失である。物事に感動しなくなる。美しい景色を見たい、素晴らしい音楽を聴きたいという気持ちもなくなる。何をしていても心の底から楽しいということがなくなってしまう。

また、相手に向けるべき怒りを自分に向けることで、自己否定的な姿勢が強まるから、当然、魅力のある女性ではなくなる。女らしさ、色気などもなくなり、生き生きした感じも失ってしまう。自分に対する自信もなくなっていく。

そうなれば夫は、いよいよそんな妻とは別れようとする。周囲もあんな奥さんでは別れたくなるはずだと言うかもしれない。こうなると不思議なもので、奥さんは自分が被害者なのに、なぜか罪悪感にとらわれだす。

心の底はもう不満の塊であるのに、それを意識することすらできない。そして、最後には人生に対して投げやりな態度になってしまう。

結局、相手との関係を失うことを恐れるばかりに、自分の人生を駄目にしてしまうのである。相手に対して自分の感情を表現しようとしないために、自分を失い、同時に相手を失ってしまうのである。

その時に、たとえどんなに淋しくても自分一人で生きることを始めれば、やがては自分の中に新たな力強さを感じ始め、生き生きした女性として再生できたであろう。淋しさに思いきり泣き、呪い、怒っていたら、エネルギーに満ちた女性として立ち直り、新たな愛の対象と出会えたかもしれない。

だが、このような人は、人と対立して相手を傷つけることも恐れている。自分が対立によって傷つくから、人もまた傷つくと思うのである。対立することに罪の意識を持ち、相手の言うとおりになってしまうが、その代償は大きい。つまり、自分に対する確信、自信というものを失ってしまうのである。だが、その不快な事実は、人の言うとおりになることが〝立派なこと〟だとして合理化してしまうのだ。

◎——自己実現のためにはエゴも必要

自己実現している人というのは、他人の気持ちを考えて、自分の願いを抑えるということがない。その点、極めてエゴイストである。ただその願いというのが、情緒的に幼稚な人の自己中心的な願いとは違う。

他人にチヤホヤしてもらいたいとか、あいつがしゃくにさわるとか、不幸にしてやろうとか、復讐したいとか、そういった神経症的な願望ではない。自分はこの人のためになりたいとか、あるいはラグビーがやりたいとか、外国で勉強したいとか、そういった前向きな願いである。

その時、その願いをかなえようとすれば、多少とも周囲の人に迷惑をかける。いわゆる従順な人は、これができない。シャイな人は他人に助力を求めることすらできないくらいである。また、うつ病的な人も、他人の好意に浸《ひた》れないし、メランコリー型の人は、他人に何かしてもらうと、その何倍もお返しをしないと気がすまない。

しかし、自己実現している人々は、このぐらいはしてくれてもいいだろうと、相手の好意を平気で当てにすることができる。そしてそのことで、従順な人々が震えるような恐縮はしない。彼らは他人に助力を強く求めることができ、たとえ周囲に迷惑をかけても、自分のしたいことをやり通してしまう。

神経症的な人は、周囲に迷惑をかけることをとにかく恐れる。そんなことをするぐらいなら、しようとすることを止めてしまう。

シーベリーの本に、木の葉が落ちてその下が腐ったとしても、それはたまたま木が生長しようとしただけで自分の関知することではない、という文章が出てくる。こんなことはとても神経症的な人にはできない。迷惑になるなら、自分が成長することを止めてしまうだろう。

おそらく自然界の法則というのは、シーベリーの言うとおり、非常に厳しいものなのだろう。神経症になるような人にはついていけないかもしれない。とはいえ、やはりその掟には従わなければ生きてはいけない。つまり、成長できないで神経症になるようでは、それこそ周囲の人に迷惑を及ぼすのである。しかもその迷惑は、周囲の弱い善良な人にまで及んでいく。

実のところ、自分をだしたからといって、あり得るのは、神経症の人は人の依頼を断れないという弱みにつけこんで利益を得ていた人が、その人を非難罵倒して、その人から離れていくぐらいである。親が神経症で一番迷惑するのは子供であり、周囲の大人ではない。ずるい大人は、その神経症者を食い物にしているだけである。

自己実現をしている人は、自分の気持ちをはっきり述べて、相手と対立したとしてもそれほど気にしない。相手から何か頼まれても、自分にふさわしくないと思えば、割と平気で断る。ある意味では、驚くほど自分勝手である。しかし、敵意を自分に向けてしまったために、他人の不幸を心の底で喜ぶというような、陰湿な人になったりすることはない。また、相手と対立はするが、嫌がらせをするというようなことはない。神経症的な人は、この反対をよくする。

神経症の人の場合、言っていること、していることを額面どおりに受け取ってはいけない。自己実現している人が、相手のために何かしている時は、本当に相手の幸せを願ってしているといえる。しかし、神経症の人が何か立派なことを言っている時は、たいてい心の底では逆のことを望んでいるものである。

たとえば神経症の人は、自分は民主的で権力欲などないというような聖人君子の顔をしていても、心の底では、専制君主のように独断で物事を決めて、それに皆が従うことを望んでいるのである。また、自分が情緒的に未成熟なことを無視して、何か立派なことをしようとする。したがってすることと本心とは、逆になることが多くならざるを得ない。しかも、そんな自分の本心を意識していないのである。

神経症の人がしまいには嫌われるのは、本心が支配的なのに、それを立派な理屈で合理化し、しかも自分がそれに気づいていないからである。心の底では不安でいっぱいのくせに、いかにも自信のあるような顔をする。その偽りの自信が鼻につくのである。

◎見せかけだけの適応

幼い子供と母親との関係をもう一度考えてみよう。ふつう、母親は子供の中心願望を満たしてやろうとする。たとえば幼い子供は、家にお客さんが長く泊まったりして、母親を始め皆の注意がそちらに向けられれば不満になる。自分が中心ではなくなるからである。だからお客さんが帰ったあとで、たいてい子供はぐずる。不満がたまっているのである。

それよりも大変なのは、自分に弟や妹ができて、親の関心が彼らにいってしまった時である。情緒的に成熟した親であれば、それが子供にとってどれほど大変なことであるか理解できるから、最大限の注意をする。しかし情緒的に未成熟な親はそれができないから、子供にとっては、一生を支配するような心の傷になることがある。しかも問題は、その傷が本人には無意識のものとして残ってしまうことである。

重要な人の注目の中心でありたいという願望も、意識から無意識の世界へと追いやられる。そして隠されたこの願望に、一生支配され続ける人が出てくる。

そんな人は、何かわからないけれどいつも不満、不機嫌なのである。本人もその理由はわからない。周囲の人はその人の不機嫌に苦しめられるが、しかし、一番苦しんでいるのは、当然のことながらその不機嫌な当人である。

それは、自分の欲求不満の真の姿を捉えられていないからである。ただ満たされていないから不満は不満である。しかし不満といっても、そのもとになっている欲求が意識されていないのだから、妙な理屈をつけて相手に絡む。あるいは不機嫌になって、黙りこくってしまう以外になくなるのである。

小さな子供の場合、親の関心を取り戻そうとする。そして生まれるのが従順なよい子なのである。従順になる子供というのは、一度は親の関心を失ったという心の傷を持っている。しかも先に書いたとおり、従順な子供は、従順な大人になり、心の傷を抑圧し続ける。同時に、自分が相手の注意の中心でありたいという願望も無意識の世界へと追いやる。そして、誰の言うこともよく聞く立派な大人になり、神経症になる。

神経症になるには、もちろん何かを失うなどのきっかけがあるが、基本的に欲求不満が限界にきているのである。ここまで満たされないのではもう生きてはいけませんというのが、神経症である。自分の真の願望を抑え続けて生きてきたために引き起こされるのである。

相手の気持ちとか、こうすべきだということばかりに支配されて、本当に自分のしたいことをしたことなど一度もなく、生き続けてきたのである。真に満たされたことなど一度もない。いつもいつも人の気持ちばかり考えて、気に入られるように、気に入られるようにと生きてきたのである。一度も自分の真の願望に気づくことなく、一度も腹を立てるべき相手に腹を立てることなく笑顔で生きてきたのである。

まさに見せかけだけの良好な適応である。小さい頃から、手のかからない問題のない子供と言われてきた人は、ただの一度も心の底の真の自分に直面したこともなく、心の底の実際の自分に従って行動したこともない。

いつも周囲の人のお気に入りになろうとすることが、その人を根本から破壊することであるということに気がついていないのである。

◎大切なのは、自分の確信を選ぶ勇気

不安から従順になる人は、どうしても支配的な人を自分の周囲に引き寄せてし

まう。したがって自分の心の底に気がついたとしても、なかなかそのように行動できない。今まで従順な子羊だと思っていたものが、自分の意志を持ち、時に反対したり、依頼を拒絶するということは、周囲の人にとってはとても許せないからである。彼らはもともと支配的で、その人が従順だからその人とつき合ってきたのである。だから周囲の人は、その人を一段低く見ているし、そのように見下すことに慣れてしまっている。

まず不安から従順になり、そこから神経症になるような人は、周囲のこの見方そのものに怒りを感じるべきである。何で自分だけが一段低い人間なのか、なぜそんな扱いを受けなければならないのかということに怒りを感じることから出発しなければ、どうにもならない。

不安から従順にしていると、周囲の人はその従順さを当たり前のように期待し始めるのである。

それはいつしか空気のようになり、従順でなければけしからんという感じになる。

「逃避としての従順さ」はあなたにも周囲の人にも、何も生産的なものをもたらさない。大切なのは、ムリエル・ジェームスが言うように、承認よりも自分の確信のほうを選ぶ勇気であり、それを繰り返し選ぶ勇気なのである。

◎秘められたマイナス感情が爆発する時

神経症的な人は人に嫌われることを恐れているから、自分の感情をそのまま表現することができないということは前述した。自分の感情をそのまま表現すると、取り返しのつかないことになるのではないかと不安なのである。怒りをそのまま表現すると、その人との関係が切れてしまうという不安である。

「自分の怨みや怒りを口に出してしまいたい一方、いわゆるマイナスの感情を表に出さない、良い、慎ましい女性として愛されたいとも望んでいるわけです」

（ドゥローシス・H・A著、斎藤学訳『女性の不安』誠信書房）

このような人はどこか態度に確信を欠いている。おそらく優しい女性というイメージを大切にしているのであろうが、その代価は大きい。それは、自信の喪失である。

防衛的な性格の人は、ひとたびマイナスの感情を表に出すと、それですべてが終わりになるような恐怖と不安を持っている。

相手との関係が終わることを恐れて、あるいは相手と対立することが怖くて、マイナスの感情を表現しないで彼らは内にこもってしまう。しかし怒りの感情そのものが消えるわけではないし、恨みや敵意を忘れられるわけではない。

むしろそのような人の怒りや敵意、恨みの感情は、それをすぐに表現してしまう人よりもずっと根が深いものである。その感情はなかなか心の中で処理されないで、いつまでもくすぶり続ける。愛されたい、好かれたい、認められたい、嫌われたくない、ということから、そのマイナスの感情は、表現されないまま心の中を占領している。矛盾する二つの種類の感情が心の中で激突し続ける。それがついにいきづまると、自殺であり、神経症であり、うつ病であり、家庭内暴力となって現れる。それらは、もう本人にもどうにも処理できなくなってしまった姿である。

◎「自然な子供」と「適応した子供」

神経症的な人は、愛情欲求が満たされていないだけに、すでにある関係にしがみついている。新しい関係ができれば、またそれにしがみつこうとするし、新しい関係をつくることに熱心ではある。だがその関係に自信がない。その関係が大切ではあるのだけれども、それを維持するためには、自分の本当の感情を犠牲にしなければならないから不満でもある。そしてその関係が強固のものだと信じることはできず、いつ壊れるかもわからないという不安を持っている。

それだけに、自分の感情をそのまま表現できない。相手との関係が壊れてしまうと恐れるからである。それは小さい頃からの親子関係の延長でしかない。

内心の怒りを抑えて、頼まれごとにはいつも「ええ、いいわ」と答える女性は、「適応した子供」が彼女の内面を支配している、とムリエル・ジェームスは言う。依頼心が強く独立できない人や、なんでも知っているふりをする人、意気消沈した犠牲者、弱いものいじめをする人、これらも同様だと言う。

ジェームスによれば、人格の中にある時にさまざまな問題を起こすのは「内的に適応した子供」であると言う。そして「自然な子供」を回復させる、つまり笑ったり興味を持ったりして遊べる能力を回復するために、カウンセラーの助けを必要とすることが多いとも書いている。

「自然な子供」は自分のしたいことをして自分はOKであると感じるが、「適応した子供」は親がやらせたいことを行いやすく、両親の要求にかなない、自分はOKでないと感じるという。親が期待することをしながらも、自分を肯定する感情が生じないとは、何と悲劇的なことだろう。

ここでいう適応した子供とは、いわゆる「よい子」である。そして私が強調したいことは、この「適応した子供」を内面に抱えた大人は、物事を自分の中で処理しようとする問題を抱えているということである。

たとえばこんな人は、何か困ったことがあったり、誤解されたという場合でも、自分のことを他人に理解してもらう努力をしない。他人の助けを借りて物事を処理しようとしないし、たとえ自分が不公平に扱われたとしてもそれを人に訴えて解決しようとしない。他人に正当な要求をしないで、すべて自分の中で解決しようとするのである。

ムリエル・ジェームスが適応によく見られるパターンとして、三つをあげている。従順に従うこと、自分の中に引きこもること、ぐずぐずと引き延ばすこと、である。前述の、何でも自分で解決しようとする人は、自分の中に引きこもるタイプである。周囲の人を恨みながら自分一人で解決する。したがって恨みの根が深い。辛いのだから人に助けを求めればよさそうなものなのに、決してそうはしない。

他人の関心を引くために、明るさや道化役を演じ、自分の中の、つまり適応した子供の中の、悲劇的な感情を覆い隠すのである。

「よい子」によっては、親とうまくやっていくために、服従という手段を選ぶこともある。それを親は気がついていない。不安があるから服従しているのに、それに気づかず、親は自分の子供が「よい子」であることを得意になっている。こんな子供は何でも言うことを聞くので、自分の無力感に苦しむ親は、子供と一緒にいると気分がよくなり、子供が手放せなくなる。子供にしても、言うことを素直に聞いているほうが、自分の立場や考え方を主張して戦うよりずっと不安を感じないですむことを学ぶ。

だが、このようにして親に育てられた子供は、「よい子」から「自信のない大人」へと成長していくことになるのである。

◎「真面目ないい人」は敵意を抑圧している

嫌われることを恐れて、自分の感情をそのまま表現できないで生きている大人は、子供の頃の悪夢を見続けている人である。見捨てられたくないという不安からいい子であり続けた、子供時代と同じような日々を過ごしているのである。大人になっても他人との関係が壊れることを恐れて、自分の感情を表現しようとしない「いい人」なのである。「よい子」から「いい人」へと変わっているだけで、反抗期がない子供と同じである。

自分は人に好かれないというイメージがあるから、相手にやたらに迎合していく。自分は愛されるに値しない人間であると心の底で感じているのである。

見捨てられる不安を持つ子供には、反抗期がない。安心感があれば、子供はある年齢がくると反抗する時には反抗する。だが、見捨てられる不安を感じていると怖くて反抗できない。大人になっても自分の感情を素直に表現できないのは、反抗期なのに反抗できないでいる子供と同じである。

見捨てられる不安を持つ人は、他人に気に入られるために自分を殺すから、いつも不満を感じることになる。不安という感情は極めて強いものであり、これに勝つことはなかなかできない。そこでその不安のためにいろいろな感情の抑制や、抑圧が出てくる。

「また彼らは極めて生真面目であるが、しばしば意識的態度が極端に真面目な人の中に、彼ら自身が自分では気づかない憎悪と恨みが秘められている時がある」

アメリカの児童問題のカウンセラーであるウィックス夫人は『子ども時代の内的世界』（秋山さと子・國分久子訳、海鳴社）でこう述べている。

「いい人」は自分の心の底にある実際の感情に気がついていないのである。人の心の底にあるものは、なかなか表面的な行動だけではわからない。たとえば彼らはよく敵意を抑圧している。敵意を抑圧しているからこそ礼儀正しいという結果になることもある。それは他人に敵意があるからこそ、それが表面化しないように堅苦しい礼儀を守るのである。秩序へ固執するのは、その心の底にある敵意を閉じ込めておくためである。

心の底にある他人への敵意が表面化しないように、他人に対してあらかじめ非常な配慮をする。それが他人への慇懃《いんぎん》無礼《ぶれい》な態度となる。他人への礼儀正しい配慮の裏に敵意という動機が隠されているのだ。

断ったら相手を傷つけてしまうのではないかと恐れるようなことも同じであろう。もともと他人に対して敵意を抑圧している人なのである。敵意を抑圧しているからこそ、他者を傷つけることを必要以上に恐れるのである。

また怒ることに必要以上に罪の意識を持つ人も、敵意を抑圧しているのかもしれない。罪悪感のとりこになっているような人も、どこか心の底に根深い敵意を隠しているのであろう。

5章

もう一人の自分に隠された欲望

◎——抑圧は自分にも他者にも心を閉ざす

ここで、もう一度抑圧について考えてみよう。

自分が実際に感じていることを自分に隠すことが抑圧である。実際の感情を認めたくないので、無意識の領域へと追いやるのである。

たとえば情緒的に未成熟な人が、気に入られたいために相手の役に立とうとする時には、自分の気持ちやニーズ、要求など、いろいろなものを犠牲にしている。本人は気づいていないが、それは無意識のうちに相手に対する敵意を呼びさまし、それが抑圧される。

するとどうなるか。一方で、相手に気に入られるために役に立つことをしながら、別の面では相手の不幸を望むという屈折した感情を持つことになるのである。

相手に心理的に依存し、相手に受け入れられることを最高の喜びにしながら、同時にひそかに相手を傷つけようとするのだ。

抑圧とは自分に心を閉ざすことである。そしてそれはそのまま、他者に対して心を閉ざすことでもある。自分が自分にふれ合わなくなり、他者にもふれ合わなくなる。

抑圧は自分では解消したつもりになっていても、やはりどこかに残っていることが多い。敵意や性欲を抑圧することによって、人は神経症になるなどということは、誰でも耳にしたことがあるだろう。抑圧を意識化しようと努力をする時に、敵意や性欲は自覚しやすい種類の感情なのである。

劣等感などもそうである。自分が虚勢を張って心理的に不安定な時に、自分は劣っていると心の底で感じているのに、それを認められないでいる。自分は本当は自信がないから、その裏返しとして高慢になっているのだ、などというのは自覚しやすい。あるいは親への敵意や、心理的に依存している人への憎しみもそうであろう。よく言われることだから、自分もそうではないかと反省できるのである。

しかし逆に、気がつきにくい感情というのもある。それは自分が敵意を持っている人から、愛を求めているというような感情である。それは極めて意識化しにくい。自己嫌悪しているような自分の部分については気がつきにくいからである。

攻撃性を意識化できるということは、偶像崇拝的な尊敬から目が覚めたということである。つまり、親への攻撃性に気がついたとしたら、それは心理的に親から離乳し始めた証拠である。

自分が親への憎しみを心の底に持っていた、ということを知って驚く。親に認めてもらいたいがために、自分はいろいろの点で実際の自分を偽っていた、受け入れてもらいたいがために、親にとって不都合な感情をすべて自分に禁じていた、などと気がつくようになる。

その時は、憎しみを実感しているわけだから、親への親しみの感情は消えている。しかし抑圧が解消されたからといって、意識化されていた感情が消えたというわけではない。抑圧が解消されたとたんに、依存性も解消されたなどということはない。依存性の解消などが一朝にしてなされるなどということはあり得ないのに、人はよく抑圧に気がついた時に、自分はこれでもう心理的に成長したかのように錯覚する。

◎親への憎しみに気づく時

自分が自分に隠していた重大な感情に気がついた時、人はその恐ろしさに驚愕する。

私自身、自分の父親への憎しみに気がついた時には、本当に世界が一変した。地球が動いているのではなく太陽が動いているのだと気がついても、これほどには驚かなかったであろう。太陽が西から昇っても、雨が下から降っても、焼いた魚が踊りだしても、石が流れて木の葉が沈んでも、いや地球が壊れても、あれほどのショックはなかったに違いない。

私のそれまでの人生は、親にほめてもらうためのものであった。私は父親の歓心を買うために、あらゆる努力をしてきた。父親から認められることが私の人生の意味であり、父親に叱られるぐらいなら、自分の手を切られるほうがましだった。いわゆる「よい子」を死にもの狂いで演じていた私にとって、父親は全能の神にも勝る存在であったのだ。

その父親に憎しみを抱いていることに気がついたのであるから、ただ呆然として何もできなかったのも無理はないだろう。何しろ私は、辛い時にはいつも、「たとえこの世でどんなに辛くても、あの世ではまた自分の親に巡り合えるのだ」と思って自分をなぐさめていたほど、親無しでは生きられない人間だったのである。

認識している自分は本当の自分ではないと知り、それを受け入れることができた時、その時はじめて抑圧が解消される。本当の自分とは、今の自分が決して許さない人間だったという事実を認め、その自分を受け入れるのである。それは本人にしてみれば、実は地球は地球ではないのだと言われるよりも大変なことである。

すると今度は逆の抑圧が始まりかねない。抑圧しないで生きられれば、誰も抑圧などしない。もともと、抑圧する感情というのは、本人にしてみれば極めて重要な感情なのである。それほど重要な感情に気がつくと、今度はその激しさに支配されてしまうのだ。今まで表面で意識していた感情、真の感情を抑圧しておさまっていた上辺の感情が逆に許されなくなる。

抑圧の解消というのは、政治でいえば、革命なのである。それは政権を巡っての戦争である。今までの政権担当者は抹殺され、王がギロチンにかけられる。

抑圧の解消という革命で、尊敬は軽蔑に変化する。いや正確にいうと、尊敬が抑圧されて軽蔑が意識化されるのである。親への攻撃性が意識化されると、今度はそれと矛盾する感情が抑圧される。抑圧する感情をたくさん持っているのは、親から本当の愛を受けなかったということである。だから、こんな人にとって、親への甘えの感情、親の愛を求める気持ちは残されているはずである。

しかし、この親から愛を求める感情は攻撃性と矛盾する。すると今度は、この感情が抑圧されて、心の中には新しい葛藤が始まるのである。

◎──「よい子」が突然家庭内暴力に走る時

愛されたいという感情と攻撃性との葛藤の典型が、家庭内暴力である。家庭内暴力を起こす子供も、よくいわれるようによい子であったケースが多い。その一般的な心理過程はこうである。

まず親との関係で抑圧がある。その葛藤から不安になる。その不安に対する防衛として、手のかからない、親の言うことをよく聞く従順なよい子になる。よい子になることで親の注目を獲得し、安心しようとするのである。しかし従順なよい子になろうと努めても、必要にして十分な親の承認が得られないこともある。するとどうなるか。

サラリーマンの場合を考えてみればよい。十分に会社に忠誠を誇示することで、会社から保護を求めているサラリーマンがいるとする。しかし、彼の熱意がいくら立派でも、それにふさわしい能力と会社への貢献ができないと、会社は自分が望んでいるほど認めてはくれない。会社への忠誠は自分を認めてもらうための行為であったのに、その効果が上がらない。となると、彼は一転して会社の悪口を言いだすようになるのではないだろうか。

親の手のかからない子になったのも、言うことをよく聞く従順なよい子になったのも、みな親に認めてもらうためであった。だからこそ、暴力をふるいだす前にはよい子であったのである。しかし、よい子であるだけではもはや親の期待をかなえることができなくなった。

そこで不安に対する態度が変化したのである。それまで、不安に対しては従順な態度を取って身を守っていたのだが、一転して攻撃的な態度を取るようになる。表面に表れた態度は変わっても、愛情を求めていることと、不安であるということは変わらない。ただ、愛情を求める手段が変わったのである。

従順なよい子であった時にも、十分な愛情を得られなくて、心の底では親を責めていたに違いない。しかし、その親への非難は抑圧されていた。暴力をふるいだした時にも、従順であった時にも、同じようにその子は愛情飢餓感に苦しんでいたのである。同じように不安なのである。

暴力で母親を責め苛《さいな》みながら、裏で不安から愛情を求める。しかしどんなに暴れても、不安はそれだけではなかなか解消しない。夜中の二時、三時まで荒れ続けても、それで愛情要求が満たされるわけではない。家庭内暴力の子供は、一方で愛情を激しく求めながら、他方で愛情を拒否している。自分に十分な理解を示さなかった母親を責めているのである。

つまり、家庭内暴力の少年は母親に暴力をふるいながら、裏で母親の愛情を求めている。だから家庭内暴力はしつこいのである。いつまでもうじうじと母をなじるのは、裏で愛情を求めているからである。

◎──親から愛されたいと願う子供の気持ち

人は、自分の心の中に始まった新しい葛藤には気がつかない。無意識の領域に追いやられていた感情が意識化され、意識の領域にあった感情が無意識へと追いやられる。

かつて、私も親への憎しみに圧倒されて、それと矛盾する一切の感情は認めることができなかった。私の父親が神経症であったのは確かなことであった。子供を愛するなどという能力は持ち合わせてはいない人物だった。

その親を神と崇《あが》めた私は、深刻な心の葛藤に苦しんだ。しかし私は、自分の心の底にある、父への攻撃性に気がついたのである。とはいえ、その攻撃性とは別に、親から愛を求める気持ちはまだあった。だが、これは攻撃性と矛盾するので抑圧された。あのように許せない親から愛を求めるということは、とても認められなかったのである。かつては神と崇めた父親は、今や地獄からの使者でしかなかった。

そんな彼から、自分は愛を求めているなど想像もできるわけがない。私は、父を身の毛もよだつほど嫌った。父の姿を見ると、自分が汚れるような気がした。そんなにおぞましい親に愛されたがっているなどとは、天地がひっくり返ってもあり得ないはずだった。

しかし人間は、自分の親がたとえ重度の神経症者であっても、愛されたいと願うものである。もちろんその願いはかなえられない。神経症者に人を愛する能力はないのだから。

だが、それが満たされるか、満たされないかは別にして、子供には常に愛されたいと願う気持ちがある。情緒的に成熟した親を持った子供は、彼らに愛されることによってその気持ちが満たされ、親から心理的に離乳できる。しかし神経症の親を持った子供は、愛されたいという気持ちが満たされないまま大人になる。そして自分の抑圧に気がつくと、今度はそれに抑圧されるのである。

人が心理的に成長するためには、この最後の抑圧の解消がなされなければならない。抑圧の解消の結果、新たに生じた葛藤を解決しなければ、その先の成長はできない。私自身、この第二次的抑圧と葛藤に気がついた時には、自分の汚らわしさに身震いした。〝いくら何でもそんな馬鹿な〟という気がして、信じたくなかった。いや信じられなかった。あんな偽善者から、あんな氷のように冷たい人間から、あんな卑怯者から愛を求める自分というのは、受け入れられなかった。自分の姿が汚くて汚くてやりきれなかった。

人はそのように汚らわしい自分を受け入れることができずに、自分に対する嫌悪感を抑圧する。つまり自分はそのように汚らわしい存在ではないと思い込むのである。だが、自分の劣等意識を抑圧しても虚勢を張らざるを得なくなるように、汚らわしい自分を抑圧しても、その人の態度は不自然なものになる。

◎──第二次的抑圧と葛藤の苦しみ

私は、この第二次的な葛藤を解決できないまま、悩み、苦しみつつ生きている人をたくさん知っている。悩んで私のところに手紙をくれる人も多い。両親への攻撃性という抑圧に気がついたものの、次の迷路に迷い込み、出口が見つからないでいる人たちである。

誰でも神経症的な過去の自分を自分とは認めたくない。だから、抑圧に気がついても、過去の自分は本当の自分ではない、今の自分こそ本物だと信じる。過去の自分の汚らわしさ、不自然さ、虚勢、それらのものにいたたまれない気持ちになる。あの過去の自分は本当の自分ではない、そう思って自分を慰める。

しかし、実はその汚らわしい自分も本当の自分だし、抑圧に気がついた今の自分も本当の自分なのである。それを認識しないかぎり、抑圧は続く。そして、引き続き自分にも他者にも心を閉ざしたままということになる。

二次的な抑圧、葛藤について指摘した本に私は出合ったことはないが、これは重要な問題である。私なども神経症的青春を送った自分を本当の自分とは思いたくはない。それで長いことそれを否定してきた。そうしなければいられないほど、青年時代の言動は不愉快なものであった。しかし、その不自然でひねくれた考え方しかできない青年もまた本当の自分なのだと、その当時の自分を受け入れることができるようになって、はじめて心理的に落ち着いたのである。

あの頃の自分は本当の自分ではないという考え方は、やはり逃避にすぎない。そのような考え方をしているかぎり、何のために抑圧を解消したかがわからない。せっかく自分の心の底に隠されている重大な感情に気がついたのに、その意味が半減してしまう。

第二次的な葛藤に苦しんでいる人はまだ、人間は立派でなければ生きていく資格がないと思っているのである。だが、どんなに目を背けたいような過去だとしても、それはやはり自分の過去であり、本当の自分の一部なのである。それを自分から排除し続けるかぎり、何歳になっても心理的には成長できない。そして最後には、いつも不機嫌な年寄りになってしまう。

いつも何かを悩んでいる老人は、おそらくどこかで心理的成長が止まってしまった人なのである。

ある時期の自分の姿を排除し続けるかぎり、心理的には何歳になっても落ち着かない。今の自分を否定するような時代の自分もやはり自分なのである。それを受け入れることを拒否している何かが問題なのである。それはやはり依存性であろう。何かにすがって生きていく姿勢がどこかにあるのだ。

嫌な過去を受け入れるのは辛い。しかし人間は先にも言ったとおり、一朝にして成長するものではない。過去から現在へとそれなりの連続性を持って成長しているのである。ということは、生活の態度そのものに連続性が必要ということではないだろうか。

自分がある友人に迎合しているとしよう。その友人を尊敬している自分の歪んだ価値観に気がつく。自分に気がつくということは、相手のことも気がつくということである。友人が卑怯でこちらの神経症的傾向を玩《もてあそ》んでいることが見えるようになる。なぜ、こんな卑怯で利己的な人間に迎合して自分を偽っていたのだろうと、自分で自分が嫌になる。

そのように、心の底の嫌悪感に気がついた以上、その友人とつき合い続ける必要はない。しかし、その友人を嫌いながらも、どこかに懐かしむ気持ちがあったとしても無理はない。それなのに、友人の卑劣さが目につけばつくほど、今までとは逆に彼を嫌悪し、今までの自分を否定するようになる。そして強い嫌悪感に支配されて、懐かしむ気持ちは否定されてしまう。過去の自分が嫌で仕方がないので、その友人への懐かしい気持ちが抑圧されるのである。

そこで新たな抑圧と、葛藤が始まる。どんなに嫌な人間でも、長くつき合っていればそれなりの愛着はある。しかし、強烈な嫌悪感と両立しない以上、それは抑圧せざるを得ない。こうして、友人への愛着の気持ちは無意識の領域へと追いやられる。そしてその嫌悪感とともに、その時代全部が否定される。その時代の自分は「本当の自分」から排除されることになる。

人間の心理的成長は、その排除した自分を一つひとつ受け入れていくことによって成し遂げられる。一つの矛盾の解決は、残念ながら別の矛盾を生む。その新たなる矛盾を解決できてこそ、心理的に成長できるのである。第一の矛盾が激しければ激しいほど、第二の矛盾も重大である。それなりに解決には時間がかかる。人間はそう簡単に成長できないのである。

一般的にいえば、子供の頃、神経症的な母親に認められる自分を「よい自分」とし、その母親が認めない自分は「悪い自分」として、自分から排除する。それが心の葛藤を生みだす。同じようにその抑圧に気がつくと、抑圧前の自分を「偽りの自分」として排除する。そして「偽りの自分」と「本当の自分」が葛藤を始める。

抑圧している時にも自分は生きていた。たしかにそれは実際の自分を偽った生き方であったかもしれない。しかし、自分は生きるために抑圧を必要としたのであり、その必要とした自分、依存性の強い自分が実際にいるのである。それを本当の自分ではないと決めつけてしまうのは誤りなのである。

◎──子供の精神状態を歪ませる夫婦の不和

人は憎しみばかりではなく、愛情も抑圧する。次のようなケースを考えてみよう。

両親の仲が割れている。だが、父親と娘は仲がいい。するとこの娘は、父親との関係を維持するために、母親への愛情を抑圧するのである。

このように、両親が不和の場合は、なんらかの抑圧が家族の中にも生じるのではないだろうか。父親と息子の連合ができる場合なら、息子の母親への愛情が抑圧されるし、母親と娘の連合ならば、娘の父親への愛情が抑圧される。

いずれも両親の一方との今の関係を維持するために、持つことを禁じられた感情である。しかし禁じられたからといって、その感情がその人の中にないわけではない。単にその人が自分の意識から無意識へと追放しただけである。

そこでさらに関係は複雑になる。なぜ愛情を抑圧するかといえば、前述のように両親の一方との関係を維持するためである。母親との関係を維持するために、父親への愛情を抑圧する。すると同時に、父親を愛することの障害になっている母親への敵意や憎しみが生じる。

となると、どうなるか。この敵意や憎しみもまた、母親との関係にとって障害となるから抑圧される。つまり母親との連合を組んでいるかに見える娘には、父親への愛情と母親への憎しみが抑圧されることになる。表面は母娘連合であるが、心の底の底はそんなに簡単なものではないのだ。

このように、両親が不和でありながら、何とか家族が一つ屋根の下で生活しているという状態は、それぞれの成員の心を歪めることになる。両親不和のもとで成長している子供の中に、大人になれないピーターパンといわれる若者が多いというのもよく理解できる話である。

今述べたのは親子関係の歪みだが、このように両親の一方と子供の誰かが結びつけば、当然子供同士の問題も起きてくる。つまり兄弟姉妹に対する自然な愛情、それにその結果としての敵意や憎しみも抑圧されるのである。

そのような家族の憎しみと愛情の感情は、極めて複雑に絡み合う。自分の自然な感情に従うことは、現在の自分の家族の中の位置を確保するには、危険なものとなるのだ。

◎遊びの不足は問題児をつくる

次に、遊ぶことについての抑圧というものについて考えてみよう。遊びへの願望を抑圧している人は、大人になってもかなりいる。

登校拒否児についてよく指摘されることは、彼らが十分に遊んでいないことである。子供としてするべきことを十分にしていないことが、原因だというのである。したがって、一般にいわれているとおり、登校拒否児に学校へ行くことを無理に勧めるのは、かえって登校拒否を長引かせる結果になる。つまり、子供が登校拒否に陥った時には、自然に遊ばせておくほうが、結果として早く治るということになる。

これを聞いて、自分の子供は十分に遊ばせている、それなのに登校拒否をしているのはどういうわけか、と言う人もいるかもしれない。だが、この場合、大切なのは遊びの意味である。親の目からは遊んでいるように見えても、本当の意味では遊んでいないということが多いのだ。

すなわち、子供が親を喜ばせようとしてする遊びは、本当の意味での遊びではない。それは心理的には親のお守りである。日本の親の中には、子供を遊ばせているようなつもりで、実は子供にお守りをされている人が多い。親の喜ぶ顔が見たくて子供がする木登りは、木登りという遊びとはいえない。

自分が木登りをしたほうが親を喜ばせることができるか、それとも家の中でおとなしくトランプ遊びをしていたほうがほめられるかということを子供が考えるようでは、何をしても真の遊びとはならない。また、親が自分を連れて公園に行きたがっているのを知って、親に公園に連れて行ってもらっても、それは遊びではないのである。

子供時代に十分遊んでいないことが、心理的に大人へと成長する時に障害になる。この場合、心理的成長に必要な遊びとは、真の意味の遊びなのである。

自分は十分に子供時代に遊んでいると思い込んでいながら、実は情緒的成熟に必要な真の遊びをしていなかったという大人は多い。

遊ぶ時は自分を忘れる、そのくらい遊んではじめて、心の成長を促す遊びといえる。子供なら遊び足りなくて不服そうな顔をすることができるだろう。遊べない不満を自覚することができる。しかし大人だと、自分の不満がどこから出てきているのか理解できない。それが遊びの不足からくるものだとは気づかないのである。

そこで、不満にもっともらしい理屈をつける。いつも不機嫌な人が、その原因を相手の態度に求めたりする。恋愛をしていても、恋人が自分のことを束縛すると感じて不満になり、不機嫌になる。自分の不機嫌の原因を相手の態度に求めて相手を非難するが、実は本当の不満の原因は、小さい頃の遊びの不足からくることがあり得るのだ。

そんな人は、心の底ではいまだにもっと遊びたい気持ちを持っている。しかしいい年をしてそのようなことも言えないし、それを意識するのも嫌なのである。

6章

自己の消滅と愛情要求

◎――心の底に隠れた真の動機

誰に対しても、ひどく従順な人がいる。だが、そんな極端な従順さは、憎しみの反動形成的な面を持っている。実際、燃えるような憎しみが無意識にあるのに、それを抑圧しながら相手に従っている人もいるし、敵意と支配欲を抑圧しながら、そうしている人もいる。

人は表面は従順でありながら、心の底は敵意に満ちているということがある。そんな人が一見立派な人物であるにもかかわらず挫折するのは、隠れた真の動機に問題があるからである。つまり、他人から評価してもらうために自分自身を裏切り続けてきたのだから、挫折するのは不思議ではないのである。

熱心に仕事をしたりする真の動機は、自分が愛されるに値しない人間であるという感情を味わうことを避けるためであったりする。不安の防衛としてのワーカホリックである。

そういえば、私はイトーヨーカ堂の高校生の作文コンテストの審査員をしているが、これに関連してある年の金賞作文に次のようなものがあったのを思い出す。少々長いが、紹介してみよう。

「『またか』と言うぐらい聞き慣れた言葉がある。普通それは褒め言葉に当たるのだろうが、私にとっては心が重くなる原因にしかならない。綺麗な人と言われて気を悪くする人はいないように、優しい人と言われたら、誰でも謙遜しながらも内心嬉しいものだろう。しかし私はその言葉を聞くと顔を上げられない程の脱力感を覚えるのである。

『優しいね』。この言葉に対するその想いは小学校の頃から続いてきている。その頃私は自分から人を笑わせたり怒らせたりすることのない特別取り柄のない子だったが、よく友達に温かいとか、安心すると言われていた。当の本人は安心するどころかいつもびくびくしていたのだが、そんな風に人の目を気にすることが、無意識のうちに人に反感を買わなくさせていたような気がする、たとえそれが真実でも。私は自分が何より大切で、自分を傷つけたくなかったのだ。優しかったのではない。温かかったのではない。

どんな世界にも何故か仲間から疎外されてしまう人がいる。大抵の人が流されてその人をいじめてしまうが、一概にその人達を責めることはできないと思う。むしろ責められるのは私のような人ではないだろうか。文句も言わないけれど助けもしない。はっきり言うと、良い子ぶっている人のことだ。その上そんな態度のお蔭で優しいと言われる。これを矛盾と言わないのなら自分を守るための手段であるこのことに対してどんな言い訳をするのだろう。もしその言い訳が通るなら、自分に損なことをさけ、自分を守り相手にぶつからないことが本当に優しい大人ということになる。そしてそれが本当ならば『大人』や『優しさ』とは何なのかわからなくなってしまう。今の私の生き方が汚い大人や、嘘で固まった優しさを自分の中に育てているとしたら、そんなに怖くて淋しいことはない。大人はもっと素敵で優しさは誰もの憧れであったはず。だからこんな風に自分を見せている私はきっと誰にも許してもらえないと思う。本当の優しさは目に見えないもっと強い全ての根源とも言えるのではないだろうか。

自分を許せなかったり、認められなくなったら、これから進んでいく自分の道にいつも不安を持つことになるだろう。だから私は、自分の将来の夢を大きく羽ばたかせるために、今このことを考え何かをしなければならない。そうでなければ、その不安は尽きることなく私を縛りつけ、羽ばたく前に私の力を閉じてしまう。もうすぐ夏も終わる。最近死んでしまった蟬をよく見かける。そんな蟬を見て、ふと『いつも精一杯鳴いてるからだよ』というセリフが頭をよぎり、一瞬胸をどきっとさせた。蟬の一生は短い。けれど自分で自分を守って生きるより蟬のように下手でもいい、夢中になって生きていきたい。自分を許し、少しでも心に余裕ができるように」（18歳　山梨県）

すでにおわかりのように、この作文の作者は、自分の優しさは不安の防衛的性格であると述べているのである。

これと同様に、挫折する人の明るさは、不安の防衛としての明るさである。自分が無力な人間であるという感じ方を避けるために、仕事熱心で真面目に振る舞う。防衛的性格としての明るさをわかりやすい言葉で言えば、「見せかけの明るさ」である。

見せかけの明るさとは、人から関心を引くためのものである。それによって自分の中の辛い感情を覆い隠すのである。

◎神経症的愛情要求の人の親切は請求書と同じ

よく、あの人はいい人なんだけれども、ちょっとね、という言葉を聞く。悪くは評価できないが、どうもつき合う気がしない、できれば関係なく過ごしたい、という人のことである。やることは立派だし、決して悪い人ではない。しかし何かその人といると気持ちが自由にならない。そういう人はたいてい、神経症的愛情要求を持っている人である。

そういう人に親切にされても、手放しでは喜べない。彼らの親切さは、いわば請求書のようなものだからである。だから親切にされたほうは、買いたくもないものを買わされて、高いお金を払わされた気持ちになる。なんだか知らないけれども、親切にされながらいい気持ちがしない。

一方、神経症的な愛情要求の持ち主は、つくしたことで相手から感謝されないと、自分は酷い扱いを受けたような気持ちになる。相手につくしているようでいて、実は彼は無意識に愛情を求めているのである。

こちらがしてあげたことに対して、相手が誇大に反応しないと、彼は酷く辱められたかの如く感じ、不安になる。相手が感謝の念をオーバーに示さないと、気まずくなって、不安になり、自分が頼りなく感じられるようになる。

相手を喜ばそうとしたのに、喜ばなかった、感謝の念を示さなかった。そこで何か裏切られた気持ちになる。しかし、その不満を直接的に表現することはできない。相手に不満を持ちながら、対立できない。相手を喜ばせたいという、強迫的な気持ちに支配されているから争えないのである。ただ黙って相手が不満を感じとってくれるのを待つだけである。

相手の役に立つことをしたのに、相手に喜ばれなかった。すると何となく彼は恥ずかしい気持ちになり、よけい相手に対する愛情要求を感じる。そして相手が、自分が求めている反応を示さなかったことで酷く傷つく。相手は別にその人を侮辱していないのに、侮辱されたように感じる。何となく、いても立ってもいられない不安な気持ちになってしまう。

こんな人たちはたいてい皆、従順で仕事熱心で生真面目である。そしてそれは、他人に気に入られるためである。人からよく思われるためである。しかし実は、彼らの生真面目さ、従順な態度にはその先があるのではないだろうか。それによって彼らは、無意識に愛情を要求しているのである。

彼らはそういった社会的に望ましい態度を取ることによって、もし相手から愛情を得られなければ酷く裏切られた気持ちになり、深く傷つくのである。相手を喜ばそうとして、相手の愛情を得られなければ、辱められた気持ちになる。

彼らはまず、自分の実際の感情を犠牲にして、相手に気に入られようと迎合する。しかしその迎合の裏には、本人が意識しない愛情要求が隠されている。それは単なる迎合ではない。

だからこそ言動は立派な人でありながら、彼らは何となく皆にうるさがられるのである。そうなると彼らは単に他人によく思われたいということを越えて、他人から愛情を求めていることになる。

相手に気に入られようと自分を犠牲にする、迎合するということは、自分を消滅させることである。自分を消滅させてしまった人ほど、自分を取り戻すために愛情を激しく求めるのではなかろうか。不安になり、自分が頼りなくなるから、それだけ愛情を必要とする。愛情がなければ生きていかれなくなる。このように、愛情飢餓感のある人は、相手に気に入られようとして、自分を消滅して相手に合わせる。しかしそれによってさらに愛情を必要とする人間になる。

相手に取り入る言動の裏に、激しい神経症的愛情要求がある。単に取り入るだけではない。自分をこのように愛しなさいという要求があるのである。カレン・

ホルナイが神経症者の愛情を求める手段を説明している。その一つに自分はこれだけのことをしたのだから、あなたは自分に何をしてくれるかというものがある。相手の役に立つことをすることで、相手が自分にして欲しいことをしてくれることを期待し、それを無意識に要求するのだ。

相手に愛情を求めるために、何か相手にすることは止めたほうがいい。それでないといつも辱められたような、裏切られたような、虐待されたような、何とも頼りない不快な気持ちを味わわねばならない。

神経症者は些細なことでも、相手の役に立つことをすると、大変なことをしたつもりになる。してやっているのだぞ、ということが非言語的に相手に伝わる。相手のために何かをしてやることが問題なのではなく、それをする時、その人の無意識にある愛情要求が問題なのである。

◎――他人によく見られようとする努力はマイナスだ

誰でも、他人に自分をよく印象づけたいと思っているものである。だが、そんなことは簡単にはできるものではない。人は案外によく見ているものだからだ。いくら親切にされても、それだけで相手に親しみを感じるものでもない。親しみを感じさせるのは、その人の人柄によるものである。

人柄というのは意図的に操作できるものではない。やはり自然と滲み出るものである。これればかりはどうしようもない。しかし、このどうしようもないということを悟るまでは、いろいろと人間関係で思い悩むことになる。

人に自分をよく印象づけようとして緊張する人は、自分の周囲にいる他人をよく見ることである。自分は誰に対して好感を持っているか、ふり返ってみよう。たぶん自分が好ましいと感じている人は、そう思われるために何か特別な努力をしているだろうか。いや、おそらく決してそのようなことはしていないはずである。

同じように、自分があまり好ましいと感じていない人をよく観察してみる。そういう人に限って、自分をよく見せるためにわざとらしい努力をしてはいないだろうか。

つまり自分の相手に対する感情を反省してみれば、他人に対して自分をよく印象づけようとすることは意味のないことだということがわかるはずである。

いくら他人によく思われようとして努力しても無駄である。それよりも自分の個性を伸ばそうと努力することのほうが、どれほど人間関係にもプラスになるかわからない。

他人が自分のことをよく思ってくれるか思ってくれないかは結果であって、目的ではない。よく思ってもらおうとすれば、緊張して、かえってよさを発揮できなくなってしまうかもしれない。

よく手のひらの上の鳥はつかもうとすると逃げるという。人間関係でも同じである。人に対して誠実に振る舞うことなしに、単に人によく思われようとすることは、暴飲暴食をして運動もせずに健康になろうとするようなものである。

実際とは違った自分と思われようとすることがそもそも間違っているのである。偽物を本物と偽って商売しようとしても無理である。いくら美味しそうに見えるものを並べてレストランを経営しても、お客が実際に食べて美味しいと思わなければそのレストランは繁盛しない。

自分に自信がないからこそ、他人に自分をよく印象づけようとしているのであるが、本当の自分に自信が持てるようになるのが先決である。人によく思われることで自信を得ようとしているのかもしれないが、それは方法を間違えている。

偽物を売らないで、本物の商品を掛け値なしで売ろうとすれば、自然と自信が出てくる。その商品を必要としている人は世の中にいくらでもいる。偽る必要などどこにもないのだ。

他人に自分をよく印象づけようとする時には、たいてい、実際の自分より以上の自分を相手に見せている。問題はそこにある。実際の自分では何となく人から嫌われる、批判されるという間違った見方が根本にあるから、要らぬ努力が始まるのである。批判されまいとして仕事熱心になっている人は、ありのままの自分では人が自分を批判する、評価してくれないと錯覚しているのである。

真面目でなければ他人の好意を得られないと感じるのは、実際の自分に自信がない証拠である。しかしこのような人は、自分が真面目であることを過大評価している。仕事熱心でありさえすれば好かれると思い込んでいるのだ。その点で恐ろしいほど視野が狭い。

そんな人は、配偶者などに尊敬や好意を当然のように要求する。自分が真面目であることで尊敬され、承認されることを当然と考えるからである。その点で押しつけがましく、配偶者の感情が自分の思いどおりに動かないと怒る。自分はこんなに真面目なのだから尊敬されるのが当然であると考えるのである。

したがってこんな人は、立派ではあるけれどもどこか要求がましい。身近な人には要求が多い、つまり依存心が強いのである。尊敬や好意という見返りを期待しての真面目さなのである。

そこでその予想した見返りが得られないと面白くない。そこで「俺はこんなに真面目にやっているのに」という不満となる。不満をぶつけられた配偶者からすれば「別に真面目にしていてくれと頼んでなどいない」という気持ちになる。

そんなに押しつけがましいなら、自分の好きにすればいいでしょうと配偶者は言うかもしれない。夫は感心な人ではあるが、一緒にいても楽しくない人ということになってしまう。

不安の防衛的性格としての〝真面目さ〟〝明るさ〟〝素直さ〟は皆見返りを求めている。「あんなに明るくて感心ね」と皆にほめられることを期待しているのである。

周囲の人からの愛情、注目を求めるためにそれらの特性を演じている人は、やはりどこか不自然である。どこか極端でもあり、やりすぎでもある。だが、本人はそうすることによって、他人の好意を当てにできると勝手に思っている。そして、それが期待に反して得られないと、外の人に対してはもっと極端に演じ始め、身内の人にはカンシャクを起こすことになる。

こんな人にとっては、真面目さというのは、他人から容認され、保護してもらうために身につける特性なのである。

◎──「存在するな」と「一生懸命働け」のジレンマ

常に人の役に立っていないと、罪悪感を感じてしまう人のことは前述した。そんな人にとっては、自分が人の役に立たなくても、相手にとって意味があると感じられることは大きな驚きである。こんな世界があるのか、こんなことが許されるのかと思うに違いない。

役に立たなければ自分は他人にとって迷惑な存在だと感じている人は、人につくそうとして一生懸命に働くが、それは痛々しい感じがする。自分の存在に疑問を感じている人が、人に許される存在になろうとしてつくすのは、決して楽しいことではない。

よく暗い顔をして一生懸命働いている人がいるが、そんな人はおそらくこのような自己イメージを持っているのではないだろうか。

グールディング夫妻は『自己実現への再決断』（深沢道子訳、星和書店）の中で次のように述べている。すなわち、その人への禁止令が「存在するな」であり、反対禁止令が「一生懸命働け」である場合、その人は自殺衝動を無視して、一生懸命働くことで自分の命を救う、と。

「存在するな」というメッセージに対する病的な決断は、私は死のう、そうすればあなたは私を愛してくれるでしょう、だとグールディング夫妻は言う。たしかに、恩着せがましい父親から、いつもおまえを育てるために俺はこんなに苦労していると言われれば、死にたくもなるだろう。自分は父親の苦しみの原因である、不幸の原因であるとなれば、いないほうがいいと考えるのは当然である。それが「存在するな」というメッセージである。

グールディング夫妻は母親からのメッセージの例をあげている。「あなたたち子供さえいなければ、お父さんと離婚するんだけれど」。これはつまり、あなたは私の不幸の原因である、したがっていないほうがいいと解釈される。

一方でこのようなメッセージを与えられながら、他方でもっと働け、強くあれというメッセージを与えられれば、憂鬱《ゆううつ》な顔をして一生懸命働く人間にならざるを得ない。

考えてみれば、これはなんと不幸なことであろう。われわれ日本人ビジネスマンはよく、忙しい忙しいと嘆きつつ、その態度は、どこか誇らしげであったりする。それはつまり、自分は役に立たない人間ではないということを強調したいのである。

しかしグールディング夫妻は、患者は反対禁止令より、禁止令に従いがちであると言う。一生懸命に働け、強くあれというメッセージと、あなたはいないほうがいいというメッセージを受け取った者は、心理的にいえば、ただ働く奴隷と同じである。憂鬱な顔をしてひたすら働き、それでいながらいつもどことなく気が引けている。奴隷と主人とでは、身分が違う。これは努力や貢献によって乗り越えられるものではない。

どんなに働き、どんなにその集団に貢献しても、やはりその人は、心の底で「存在するな」という禁止令に影響されている。つまりいないほうがいい存在なのである。だが役に立つことで、そこにいることを許されているのである。

グールディング夫妻が言うように、まさに彼らは働くことで自分の命を救っているのである。救うという表現がやりきれない。これは奴隷以外の何者でもない。こんな人にとっては、自分は役に立たなくても相手にとって意味がある、役に立たなくても自分の人生には意味があるという感じ方は、到底できないのである。

シーベリーやフロム、ライヒマンは、自己犠牲的な献身は相手に対する強い依存心の表れであると指摘する。私もまさにそのとおりであると思う。犠牲的な献身をするのは、それが心理的に楽だからである。そしてそれを楽だと感じるのは、「存在するな」と「一生懸命働け」という矛盾したメッセージを与えられているからではなかろうか。

またシーベリーは、自己を犠牲にした献身は、自分の臆病さを隠すためのものであると言う。たしかにそうした点もあるだろう。また、すぐに被害者的立場に自分を置く人がいるが、それも同じであろう。献身や、被害者を装うのは、この二つの矛盾したメッセージを実現するのに都合がいいのである。

小さい頃、母親から「あなたがそこにいてくれるのが嬉しい」というメッセージをもらった人は、わざわざ被害者のような顔をしなくてもいい。自分に自信のある人間は堂々としていることに気が引けたりはしない。被害者のような顔をせずに、心理的に安定していられるのである。

だが、「存在するな」というメッセージをもらってしまった者は、いつも被害者のような顔をしているほうが楽なのである。うつ病者が他人の好意にどっぷりと浸かれないというのは、このように考えると当然かもしれない。

◎──「自分はいないほうがいい」という自己イメージ

過度の自責ということも同じであろう。まず攻撃性が外でなく、自分に向けられる。その自分というのは、いないほうがいい存在である。となると、自分で自分を責めていることが心理的には楽になる。

犠牲的な献身、欺瞞的な被害者意識、いきすぎた自己卑下や自責の念、それらの心理現象には、この「自分はいないほうがいい」という自己イメージが一つの原因としてあるのではないだろうか。

この「自分はいないほうがいい」「自分は人の迷惑になる存在である」という自己イメージは、そのほかいろいろな心理状態を引き起こす原因になる。

たとえば、恥ずかしがる心理がそれである。

恥ずかしがりやの人は、人に助けを求めることができないという特徴がある、とジンバルドーは言う。たしかに恥ずかしがりやの人は、ちょっとしたことを頼むのも気が引けてしまう。自分のことではなく、他人のことを頼むのも悪くてできないということが多い。

もともと心理的に病んでいる人は、普通以上に遠慮する。いつも自分のやることが他人の迷惑になるのではないかと恐れるからである。

対人恐怖症の人も、自分が他人にとって迷惑な存在ではないかと恐れている。自分がいると、会社の同僚に悪いといって会社を辞めたりする。自分の顔が同僚を不愉快にさせると、そればかり気にしている人もいる。

つまり、ものを頼めないというのも、このような心理状態の延長であろう。頼めないのは頼むことで相手の迷惑になることを恐れているのである。

それはメランコリー親和型の人にも共通する。いつも他人のためになっていないと気がすまないのは、そうしていないと相手に迷惑ではないかと不安になるからである。

同じことは、不安から他人を喜ばそうとする人についてもいえる。彼らは自分の実際の感情を偽る。他人を喜ばせていないと自分が不安なのである。このために、つまらないのに面白いと感じようとする。つまらないと感じている時でも、「うわー、嬉しい」と叫ぶのである。

だが、不安から他人を喜ばそうとする人は、そんなに嬉しいはずがない。なぜなら不安な人は嬉しいとか、楽しいとか感じる能力をすでに失っているからである。

よく執着性格者などに、趣味を持てとアドバイスする人がいる。その忠告そのものは正しいかもしれないが、まず効果はないだろう。なぜなら、不安な人は物事を楽しむ能力がないから、趣味を持てない。何かが楽しいということがないのである。

たとえば暗い所に一人でいることを想像してみたらわかるであろう。不安で、怖い。そんな恐怖の中で何かを楽しむことができるだろうか。色の美しさ、音の美しさを味わうなどということが想像できるであろうか。

恐怖や不安は人から楽しむ能力を奪う。これは当たり前のことであるが、人間の生き方を考える時には大切である。

幼い頃、拒否されることで心理的不安に陥った人に対して、「人生を楽しみなさい」と言っても無理である。泳げない人に対して泳ぎなさいと言うのと同じである。

同じことをしてもある人は楽しいし、別の人は楽しくない。同じ所にいて、同じ空の下で、同じ物を食べても、安心感で満たされている人は楽しいし、不安な人は楽しくない。不安な人はいつも自分を守っているのである。

そんな彼らは、他人との摩擦を避けて人に迷惑をかけまいとする。対人的な摩擦をあくまでも避けるのが特徴である。彼らが皆礼儀正しいのも、それによって迷惑がかからないですむからである。

◎自分に失望している者に映る世界

周囲との適応にも、いつも「迷惑がかかるのではないか、迷惑がかかるのではないか」と恐れていたら、消耗するのは当たり前である。彼らは自分の存在そのものに、負い目を感じている。もしかしたらはじめから、自分はいないほうがいい人間だと、無意識のうちに感じているのではなかろうか。メランコリー親和型の人の特徴を、借りができないというが、正確に言えば、もうこれ以上借りができないと感じているのである。

それは、キリスト教の原罪のようなものであり、そう解釈すれば、彼らのいろいろな特徴はすべてよく理解できる。つまり、義理堅い、他人の好意に浸ることができない、対人関係で負い目を負うような状況を極度に恐れる、他者中心のあり方をする、などといった性格である。

自我欠損という表現もあるが、それ以上なのである。欠損ということは、ゼロということであるが、彼らははじめからマイナスなのである。メランコリー親和型の人の特徴についていていろいろなことがいわれる。たとえば自分を安売りしてしまうのが第一の特徴である。次に、個性的な人間関係がつくれないこと、第三に、世俗性がありながら弱力であり、それ以外の価値があるなどとは考えられない。それで役割的人間関係になることがあげられる。第四に、人に認められないと途端に落ち込んでしまうという点もある。

これらは「存在するな」というメッセージと関係があるのではなかろうか。

「存在するな」というメッセージを与えられてしまうと、自分は何か特別なことをしなければ相手に好かれないと信じ込んでしまう。ただそのままの自分でも十分に相手に好かれる、受け入れられるということが信じられなくなる。

そのようにして自信を失ってしまった人は、相手に受け入れられるためには「こうでなければいけない」という思い込みを持っている。その「こう」でなくても、十分相手に受け入れられるのに、何か特別に相手につくさなければ、相手に失望されると思い込んでいるのである。

そして、いつも他人とのつき合いで自分を卑下する。相手が自分とのつき合いを楽しんで別れた時でも、きっと自分との時間に何の満足も感じなかったであろうと思い込む。ことに相手の精神的満足というのが理解できないのである。自分が相手に名誉をもたらした、自分が相手に肉体的満足をもたらした。そのような時にしか、相手は自分に満足していないと決めつけているのである。

このように、自分が価値ある存在であるということが理解できない。だが「存在するな」というメッセージを与えられて、その上で自分の価値を理解しろといっても無理なことかもしれない。

そんな人にできることは、とにかく、「存在するな」というメッセージによって、自分は自分に失望してしまっているということを自覚すること。そして、その失望の原因は、実はまったく根拠のないことである、とそのように理解することから出発するしかない。

自分に失望している者に映る世界と、自分に自信を持つ者に映る世界ではまったく異なる。前者にとっての世界は、強迫観念に満ちている。そのような者に、単にもっとリラックスしろと言っても無理である。自分に自信が芽生えれば、自然とリラックスできるようにもなる。

7章

無私の親とよい子の地獄

◎自分のすることを誰かのせいにする

よく言われることだが、何か悩んでいる人はたいてい自己中心的な人である。自分が悩んでいることを、何か特別に大変なことのように思っている。だがもちろん、自分の悩みはあくまで自分の問題であり、他人には関係ないことである。

しかし、その他人には関係ないことだ、ということが自己中心的な人にはどうしても理解できない。「私がこんなに悩んでいるのに」と周囲の人の態度にイライラする。

したがって、自己中心的な人はいつも不満を感じている。たとえばある旅行会社の企画に参加したとしよう。その旅行に参加するために、その人は子供を実家に預けてきた。たしかに参加するのは大変だったに違いない。しかし何も旅行会社のほうで、その人に参加してくれと頼んだわけではないのだ。

それなのに、そんな人は参加してから「私はこんなに大変な思いをして参加したのだ」ということをとうとうとしゃべり出す。こんなに苦労して参加しているのに、それが私の望みどおりでなければ、私の気持ちはどうなるのだと怒る。

その人が旅行に参加するのが大変であったことはよくわかる。しかし何度も言うように、それはその人の問題であって、他人の問題ではない。ところが自己中心的な人は、私がこんなに大変な思いをしたということをものすごいことのように思い込んでいる。自分個人の問題を自分で処理することができないのである。

いつも不満になる人というのは、このような考え方ができない人である。「自分はこんなに大変だったのだ」と言い立てて、何か特別の待遇を期待する。自分の大変さを皆の問題として取り扱わないと不満なのである。自分の苦労を強調することで間接的に過大な要求をしてくる。

他人からすれば「それはあなたの問題で、私の問題ではない」ということになるが、自己中心的な人はそのことを認めない。それでいて、逆に自分が他人の問題に犠牲を払うかというとまったく反対である。迷惑になったと言って、激怒するだろう。

こんな自己中心的な人は、自分の判断でしたことを、まるで他人から頼まれてしているかのような態度をとる。自分が勝手にしていることを、こちらが頼んだことのように処理しないと怒りだすのである。

そして私はこれだけの犠牲を払った、だからあなたは私にこれだけのことをするべきだ、と要求する。その人にとっての唯一の現実は、自分がこれほど大変だった、ということなのである。相手側の現実は何も見えない。

自分が相手にしてあげたことは大変なこととして受け止めているが、相手が自分にしてくれたことはさっぱり理解できないのである。

ある旅行代理店の人の話だが、客の中にもよく、自己中心的な人がいて悩まされるという。私はいくらお金を払ったということばかり主張して、自分が食べているもの、泊まるホテル、乗る飛行機のことは忘れる。何よりも世話をする人の人件費もある。情報だってタダで入るわけではない。その添乗員はたまりかねて「私はあなたの奴隷じゃありません」と言ったそうである。

だが、その人は、さらに、その旅行のお金を貯めるのにどのくらい苦労したかということまで言わなければ気がすまない。別に旅行代理店の人がその人の懐に手を突っ込んでお金を取ったわけではないし、首に縄をつけて連れてきたわけでもない。その人から申し込んできたのである。しかしもちろん、こういう人に対してそんな言い方をすると、火に油を注ぐようなものだから黙っているそうである。もうとにかく旅行が終わるまで我慢するだけです、と彼は苦笑していた。

このように、自己中心的な人というのは、自分のすることをいつも誰かのせいにしなければ気持ちがすまない。だから、自分のしたことを相手のためにしたというように表現する。自分の責任で何かをするということができない。頼まれたから仕方なくしたことにしないと、何もできない。子供が嫌がることをしながら「あなたのためにしたのよ」という母親の言い方と同じなのである。

◎――自己中心は自己不在

このような態度を「相手に仮託した表現形式」と言う人がいる。吉松和哉氏の「精神分裂病者の自我に関する一考察」(『分裂病の精神病理』四巻　東京大学出版会)という論文によれば、相手に仮託した表現形式とは、相手の側から見た表現形式をとって、結局自分の意志を表そうとするものをいう。

先ほどの旅行の例でも、自分から参加しながら「参加してあげた」という態度を取る人がいる。このように、

「病者は相手に向って『してあげる』という。すなわち自分が強者であって、あたかも弱者である相手に対し恩恵を施すという表現である」(前掲書)

しかし相手に恩を着せたからといって、人はそれで幸せになれるわけではない。結局人は自己中心的であったり、受け身であったり、依存心が強かったりしたのでは、どのような機会を与えられても幸せにはなれないのである。人は自分というものを根拠に行動できるようになって、はじめて幸せになれる。

分裂病者は自分が会社を休んでも「休んであげた」というような表現をするという。母親が子供を通して自分の要求を出してくるというのも同じであろう。このような母親は、自分の価値に自信が持てないし、行動の根拠を自分の中に求めることができないのである。

自己中心的で受け身の人は、相手の態度などどうでもいいのではなく、逆に相手との関係にすがって生きようとする。たとえば、生きる意味を自分の中に求めることができずに、相手に「思い知らせてやる」とか、相手に「感謝された」とか、相手との関係に求めるのである。自分の中に生きる拠り所を求められないから、プラスであれ、マイナスであれ、相手との関係にすがって生きる意味を見いだそうとするのである。

すると、相手との関係が不自然なほど大切になる。相手に自分の重要性を印象づけようとするあまり、自分の人生を見失い、かえって相手に自分の生活を支配されてしまう。

「自分の現実の姿が相手に対してあまり価値をもち得ぬことを恐れれば恐れるほど、自分と相手との関係自体のもつ価値を相手に売り込もうとしているようにみえる」（前出「精神分裂病者の自我に関する一考察」）

こうなると生きるということが、「自分が」生きるということではなくなってしまう。相手との関係で生きることになる。自分の価値に自信がなければないほど、相手との関係が大切になる。その結果、「あの人にこう思われるのがしゃくだ」というようなことがますます重要になってくる。そして生活の目標自体が、「あの人にこう思わせてやる」ということになってしまう。

自分の力を用いて自分の可能性を少しでも実現するということが、生きる目標にならないで、相手に弱みを見せないというようなことが目標になってしまう。自我の基盤が脆い人は、このように相手と〝かかわって〟しか生きられない。「相手にとっての自分の意味」が「自分の価値」になるから、相手にかかわらざるを得ないのである。

自分の価値に自信のある人は、人にどう思われるかということで自分の生きる目標が影響されたりはしない。だが、そうでない人は相手にとっての自分の意味が自分の価値になるから、幸せになることより、幸せに見られることが重要になってしまう。つまり、自己中心の人というのは、自分の内面に自分の拠り所がない人である。自己中心とは、自己不在なのである。

もっとも、自己中心という言葉自体に問題がある。自己中心という時の「自己」とは、依存心のことであろう。つまり本来は自己中心といわないで、依存心中心というべきなのかもしれない。

こんな人は、どうしても相手に対して要求が多くなる。それでいながら相手に気が引ける面もある。つまり、一方で過大な依存的要求をしながら、他方で遠慮しているということになる。

相手に対して自分の意味を増大させようとするから、相手に対して自己主張できない。いつも臆病に相手の意向を恐れて、びくびくしている。それでいて、自分の価値を相手に認めさせようとするから、しつこく恩着せがましくなる。臆病におびえながらしつこく絡む。相手が自分の期待したとおりに反応しないとひどく傷つき、不愉快になる。しかしその相手にとっての自分の意味が自分の価値だから、すぐに相手と別れるわけにはいかない。

相手に対して怒りつつ、その関係にすがりつく。相手の態度がひどく不愉快なのに、自分の価値を認めてもらいたいため、傷つけられても相手から離れられないのである。

また、このような人は嫉妬深く、妬み深い面も持っている。自分の価値を自分で感じることができないからである。人との関係で自分の価値が決まるから、人のことが気になって仕方ないのである。人との関係にすがって自分の存在を感じようとするということは、別の表現をすれば、自己同一性が確立していないということでもある。

「必要とされることを必要とする人」

このような人はよくいわれる「必要とされることを必要とする人」なのである。

「必要とされることを必要とする人」は相手に絡む。そして自分の価値に自信が持てない。相手に仮託した表現形式をとる典型的な人である。

「必要とされることを必要とする人」が必要とされる時には、相手につくすことを通して、相手を束縛する。彼らは本当に自分がしたいことというのがわからない。本当は、自分のすべきことを知っている人が必要とされる時こそ、相手につくすことができるのであるが。

またこんな人は、相手の立場に立って、相手につくすわけではない。彼らは自分を必要とされること、相手から何かを頼まれるという形でしか、自分を確認できないのである。したがって何をするにも、頼まれたからするというような形にする。相手からすると、こちらが頼んだわけでもないのに、「してあげる」という恩着せがましい形に追い込まれる。

おそらくこのような人は、小さい頃に親から愛された体験を持っていないのであろう。愛するとは相手の存在を確認することである。親が子供を愛するとは、親が子供の存在を確認することである。そのようにして育てられた人は、自分の存在を自分で感じることができるようになる。

ところが親が、「必要とされることを必要とする人」だとどうなるか。子供は親の存在確認の道具になってしまう。彼らは自己不在の人である。そんな親を持つと、子供は愛されるということがない。

そのように育てられると、子供もまた親と同じ人間になってしまう。その子も大人になった時には、必要とされないと不安なのである。だからいつも人から自分の存在を確認してもらおうとするが、心理的に成長した人から見れば、〃まとわりついてくる、うるさい人〟になってしまう。

彼らは、たしかに〝うるさい人〟である。一人でいると不安になるので、いつも「自分はここにいるよ」ということを他人に訴えかけてくるのである。そしてそれを訴えるだけでなく、応答を相手に求めようとする。

そうなれば周囲の人が、その人のことをうるさい人だと思っても不思議ではない。自分はここにいるということを他人に訴えかけずにいられない人が、期待する応答を得られない時には、得られるまでまとわりつくことになる。まわりからしてみると、しつこい人である。

まとわりついているほうも愉快なわけではない。自分が何とも頼りなく不愉快である。しかし、そうしていなければ気持ちが持たないのである。本人も不愉快であるが、誰かにまとわりついていないと不安で仕方がないのだ。

◎――よい子とは母性愛欠乏症

相手の存在を認めるということは、相手にストロークを与えるということである。ストロークとは相手の存在を認めることを意味する行為である。"Born To Win"という交流分析の本で紹介されている。この本は『自己実現への道』（ジェイムス・M、ジョングウォード・D著、本明寛他訳、社会思想社）という訳で日本でも出版されている。

ストロークは身体的接触によっても与えられるが、言葉や態度によっても与えられる。相手の言うことに耳を傾けるなどというのはまさにストロークである。

母親が幼い子供の言うことに耳を傾けている時、母親は幼い子供にストロークを与えている。しかし母親が「必要とされることを必要とする人」である時には、母親は子供にストロークを与えることはできない。母親は自分の考える自己中心的な愛情の形を子供に押しつけるだけである。自分の考える愛情の形を子供に押しつけることに夢中で、子供の話に耳を傾ける心理的余裕などない。

母親自身が子供からストロークを得ようとしているのである。子供からストロークを得ようとする母親は日本には多い。母親は、母親にストロークを与えるように子供を変えようとするのである。

そして「よい子」とはまさにこの親にストロークを与える子供のことである。よい子とは、先の本の言葉を使えば「母性愛欠乏症」なのである。体で表現すれば栄養失調症である。

このような母性愛欠乏症の人が後に傷つきやすく、かつ、しつこくてうるさい大人になっていくのである。相手の態度一つで心がふっと頼りなくなってしまう。どこにも自分がつながっていないのである。

この不安を避けるために、よい子はどのような重荷でも引き受けてしまうのである。消耗しつくすまで必死で逃げる。

テレビを見ていたら、アフリカの野生の動物の生態を映していた。ライオンに子鹿が追いかけられていた。子鹿が疲れ果てるまでライオンは追いかける。そして遂に子鹿はライオンに捕まる。

それを見ながら私は、よい子と不安との関係のような気がした。よい子は不安から必死で逃げる。力の限り逃げる。疲れ果てるまで逃げる。しかし、いくら逃げても逃げ切れるものではない。遂に捕まって食べられる。それがうつ病であり、燃え尽き症候群ではなかろうか。

◎――〝無私の親〟のエゴイズム

今まで述べてきたような人たちと同じように、私の父親は自分の願いを自分の願いとして表現することができない人だった。すべてにおいて、相手から頼まれたからそれをしてあげるという形で表現してくる。自分の願いを相手のそれにすり替えて、実現しようとするのである。

たとえば私の父は家族にすべてを求めていた。子供からするとそれは息苦しい家庭であった。前にもふれたように、夏休みになると父親は家族で海に行きたがった。しかし父親は自分が海に行きたいとは決して言わなかった。

自分は行きたくないのだけれども子供が行きたいから「連れて行ってあげる」という形で、自分が海に行きたいという願望を実現した。自分の期待したとおりに旅行の計画が進まないと、ものすごく怒り出した。そして「連れて行ってやらない」と怒鳴る。

私は幼な心にも息の詰まるような家族旅行には行きたくなかった。本当に行きたくなかった。心の底から嫌悪した。しかし父親をなだめるために、不愉快そうに黙り込んだ父親のところに行って、「連れて行ってください」と頭を下げて頼んだ。

その屈辱とも、失望とも、憎しみとも、恐怖とも、絶望とも、自暴自棄ともいえないやり切れない感情を長いこと忘れられないで生きてきた。小学生、中学生とずっとそのような感情を味わって生きてきた。

父親がしたくて私がしたくないことを、私がしたいことにして、その間中、嬉しいな、楽しいなと言い続けなければならない。しかもそのあとで感謝を示さなければならなかった。それは少年には地獄の苦しみであった。よく神経症になるだけで治まったと思うくらいである。

先の論文で、精神分裂病者について次のような記述がある。すなわち、「自分の価値に期待をもてずに、他者との関係にすがってかろうじて自己の存在を主張しつつ生きていこうとする」存在が精神分裂病者である、と。

だがこれは精神分裂病者ばかりではなく、一般に「必要とされることを必要とする人」は皆こうなのではなかろうか。そしてこのような人が強者の立場に立つと、弱者の立場にあるものはたまらず、悲鳴をあげてしまう。

この問題の深刻さは、これが弱者に与える影響に象徴される。ストロークを求めているものが、自分は相手を献身的に愛していると思い込んでいることが大問題なのである。本人は自分は〝無私〟で献身的であると信じて疑わない。

フロムは『人間における自由』（谷口隆之助・早坂泰次郎訳、東京創元社）という著書の中で、この問題にふれている。彼は〝無私〟な親の与える影響は、利己的な親の与える影響と大差はない、いや実際には一層悪質なものであると言う。なぜ利己的な親以上に悪質かというと、母親を失望させてはならないという義務を負わされるからである。

フロムも、そのような人の無私性の背後には、巧妙に隠された激しい自己中心癖が潜んでいると述べている。何度も言うように、ここで問題なのは、本人が自分の強い自己中心性に気がついていないということである。

表面は無私であるが、実際は搾取である。搾取と知って搾取している人はまだいい。この親たちは無私と思い込んで搾取するのであるから、最も許し難い人たちである。搾取しながら感謝を要求するという信じ難い人たちなのである。

無私なる人は「自らのためには何ものも欲しない」「ただ他の人たちのためにのみ生きている」、そして彼は自分を重視しないことを誇りとするとフロムは前掲書の中で述べている。これも同じようにこの〝無私〟な人が、そう信じていることが大問題なのである。実際には搾取しながら、自分は自分のために何ものも欲しないと思い込んでいるところが許し難いところである。

このような〝無私〟の親を持った子供は、「よい子」となって地獄の生を生きる以外にはないのである。私の父なども「俺くらいいい父親はこの世界中にいない」といつも言っていた。その理由は「俺は自分のことはどうでもいい、すべてお前たちのために生きている」からということだった。そして何かあるとすぐに「俺はどうだっていいんだ」と言っていた。

そこで子供である私は、父の自己中心的な搾取的願望を、私の願望として実現してもらうべく頼むしかなかった。そこで父は「お前がそんなにして欲しいなら嫌だけどどしてやろう」と恩着せがましくするのだった。

このような〝無私〟というのを理解しにくい人は、昔のいわゆるお妾さんのことを考えれば理解しやすいかもしれない。「俺が囲ってやった」と言っている昔の男性は、たとえば明治時代、たしかにいろいろなことをしてやるが、それは決してその女性の幸福のためではない。奉仕といい、愛情といい、それらはあくまでもその前提として〝囲い〟を認めてのことである。一人の自立した自由な女性としての幸福ではない。幸せといっても、あくまでも囲いの中の幸せである。その男性が囲いの中の女性に何かしてあげたとしても、本質的にその女性を搾取しているし、その女性の幸せを踏みにじっているのである。

親子の場合でも、あくまでも親に服従する子供ということが、何かをしてあげる前提である。それは言葉から、行動から、考え方から、心の状態まで親の支配に服するということである。

このような〝無私〟な親は、子供を心理的に束縛する。このような家庭では味わうことを許される感情と、禁じられる感情とがはっきりと分かれている。

たとえば、禁じられている感情の一つに、「私は不幸である」というのがある。なぜならこのような親は、子供が「私は幸せです、お父さんありがとう」という感情を持って親に感謝することで、自分が生きているという感じを持つことができるからである。このような親を持った場合、子供の最大の義務は、親に感謝することである。子供に感謝されることで〝無私〟な親は、自分が生きているという実感を持つ。

しかし子供の側はどんなに「私は幸せです」と言ったとしても、実際には幸せではない。だからこういう子供の行動や感情に伴うのは何よりも、不自然さである。変わった行動であり、極端な言動である。不自然な陽気さ、不自然な明るさ、行き過ぎた生真面目さ、わざとらしいふざけた態度、もったいぶった深刻さ、大げさな、これ見よがしの悲しさ、そのような様子が子供に表れている。

◎相手の期待を無視して関心をひこうとする

母性愛欠乏症の子供は大人になっても日常、非日常を問わずすべての生活においてストロークを求める。話をしていても、話をすることの中にストロークを求める。会社で仕事をしていても仕事の中にストロークを求める。家庭にいても家庭の中でストロークを求める。家庭の雰囲気にストロークが欠如していると不安になる。

このように愛情欠乏症の人とつき合うとたいていの人は悲鳴をあげる。あまりにも過大な要求に、普通の大人は応え切れなくなるのである。大人同士のつき合いでは通常相手の求めているものを与え切れなくなる。

先にも書いたように「精神分裂病者の自我に関する一考察」という論文がある。そこに患者の思いもよらぬ言動についての話が出ている。

患者は社会復帰や退院につながるために院外作業を行う。その会社は、忘年会にその患者たちを参加させないつもりであった。しかし彼らがその忘年会を楽しみに働いてきたくらいだというので、参加させることになった。

ただ、その時の約束がある。参加してもいいが、これからは欠勤しないようにということである。

ところが参加の翌日、何と全員が欠勤してしまった。会社の担当者は怒った。それは当然であろう。しかし患者は「会社側に迷惑をかけないようにと思ったので、休んだのです」と言ったという。

さらに病院での患者の話は、「このことがそんなに大切なことですかねえ」というものであったという。

このような言い方をする人は、通常の生活においても時々出会う。こんな人は実は、このことが大変なことだというのを心の底で知っているのに違いない。しかしそのことを認めたくない。そのことが大切なことであると認めてしまえば、自分の過失の重大さを認めることになるからだ。それを認めるのが怖いから、わざととぼけるのではなかろうか。

これを大切であると認めてしまえば、自分が相手の期待に応えなかったということを認めることにつながっていく。それが怖い。こういうことを言う人は、いじけているが、相手の期待に沿いたいという気持ちは強い人たちなのである。

それだけに、相手の期待に気づかない「ふり」をしているのである。この場合でいえば、欠勤をしないという約束をした。それにもかかわらず欠勤をした。それはまずいことだと心の底では知っている。心の底では、相手の期待に応えられなかったことを苦しんでいる。

しかしその苦しみからも逃げたいのである。つまり、意識の上では相手の期待に応えなかったということを認めたくない。認めればそれだけ苦しい。

相手に対しても自分を守りたい。つまり「あなたの期待に応えなかったのではありません」と主張したいのである。しかし、その自分の守り方が独りよがりなので、相手をもっと怒らせてしまうのである。

このようなもって回った表現の仕方をする人は、自分を守ることで精一杯であって、相手がそれをどう受け取るかということまでは気が回らない。

いわば、故意に相手の期待を無視しているのである。コミュニケーションの仕方としては、選択的不注意といわれるものに属するのではなかろうか。故意に相手の期待を無視するのは、普通の人より相手の期待が、その人にとって重大だからである。そしてそのように故意に相手の期待を無視してしまえば、相手の好意が引き続き維持できるのではないかという甘えがあるのである。

◎――両価性の心理

このような人の特徴は、まったく自己中心的にすべてが理解されることである。自分のそのような言動が相手にとってどのように受け取られるかということまでは、考えられない。自分はあなたの期待に応えることを拒否したのではない、ということを相手に伝えようとすることで心の中は一杯で、あとのことは考えられない。

極端に自己中心的で、その点では他者不在なのである。他人の期待を拒否できる人であれば、このようにとぼけたり、相手の言わんとすることをはぐらかしたり、故意に無視したりはしない。相手の期待にかなうということが極めてその人にとって重要であるにもかかわらず、相手の期待に応えられないという時に、自分を守るための小細工が、このようなもって回った表現になるのである。

しかしこちらが怒っている原因をわざと無視して、「何でそんなに怒るのかなー」などと言われれば、こちらは極めて不愉快である。よけいに腹が立つ。だがこのように言う人は、自分を守ることに夢中であり、甘えているのである。

さらに言えば、心が冷たい。相手を甘くみている。相手の期待が重要であるにもかかわらず、相手を軽くみている。自分が傷つくということは、天地がひっくり返るほどに重要であるが、相手が傷つくということについては、これまた驚くほど無関心なのである。

それがこのように、何でそんなに大切なのかなー、とか、何でそんなに怒るのかなー、とかいう表現になる。そして、このような表現によって相手が怒ることが怖いのであるが、他方で気持ちがいい。こんな人は、周囲に対して両価的になっていることが多い。したがって、周囲の期待は重要なのであるが、その一方で周囲に敵意を持っていたりする。

周囲に敵意を持っているから、周囲の人がいらいらすると気持ちがすっきりする。周囲に復讐できたような快感がある。このように相手のことをはぐらかすような人は、相手に敵意を持ちながらも、その相手の期待に応えることが重要であるという両価性に苦しんでいるのである。

もちろん普通の日常生活では、こんな人は嫌われる。誰も好き好んでこのような人とつき合いたいとは思わない。どうしても孤立する。人間関係がうまくいかない人は、自分の心の中の両価性について反省することである。

素直になれないというのは、心のどこかに両価的なところがあるのである。その人と一緒にいることが面白くないのにもかかわらず、その人のそばを離れられないという場合もある。「からむ」という言い方で表現されているものである。そんなに文句があるならさっさと離れて行けばいいのに、その人のそばを離れられない。

その人に敵意を持ちながら、その人の好意がなければ生きていけないような人である。そのような人は、両価的になっている人である。心理的に十分成長できていないのである。そのような人は、どんなに相手をなじったところで、心理的な安定は得られないだろう。

◎──束縛されたくないが、親離れもできない

不機嫌などというのも、この心理であろう。相手の存在が生きていくうえに大切であるにもかかわらず、相手に敵意を持っている。親離れできない高校生などがその例だ。親の束縛を感じて不愉快である。自分を束縛するものとして敵意を感じている。それでは心理的に自立して生きていかれるかというと、親の指示なしには自分の気持ちは持たない。

一緒にいなければ心理的に持たないのにもかかわらず、一緒にいたくない。離れたいけれど心理的に依存している。青年が家でいつも不機嫌なのはこのためであろう。

ところが、親は子供を束縛していないのにもかかわらず、子供のほうで束縛を感じるということがある。

それは子供の能動性の欠如である。情緒的に成熟した親のもとで育った子供は、家でもそれほど不機嫌にはならない。それはそのような子供は、情緒的に未成熟な親のもとで育った子供より能動的だからである。

一方、能動的でない人は、相手といるだけで相手から圧迫感を受ける。その圧迫感から逃れたいのである。しかしその人に心理的に依存しているから、逃れられない。このジレンマが不機嫌である。このように自我の脆い人は、楽しく人生を生きられない。

相手が自分を束縛するのなら、その相手が悪いのだからつき合う人を代えればいい。しかし相手が束縛するのではなく、自分が相手と関係なく束縛を感じてしまうのだから、つき合う相手を代えたくらいでは、不快感はなくならない。もっと極端に明快に表現すれば、一方で束縛を求めながら、他方で束縛を憎悪しているのである。

彼らは自分の心を支える人を心理的に必要とする。しかしまさにその人が自分を束縛し、心理的に圧迫する人になってしまう。相手が圧迫するのではなく、自分が相手の意図とは関係なく圧迫を感じてしまうということである。

このような人は、家にいるといつも不機嫌である。それなら家を出ればいいと思うが、出られない。自我の脆さと表現してもいいし、自我の未確立と表現してもいい。

いつも相手に対し機嫌よくしているためには、相手との適切な距離が必要であろう。しかし自我の脆い人は、この距離が保てない。相手とべったりになってしまう。べったりになるから相手から束縛感や、圧迫感を感じてしまうのである。小さい頃のようにべったりだけで満足できる年齢ならいい。ある年齢になれば、他方で自立への願望を持つ。

彼らは自立への願望を実現するだけ心理的に強くなっていないのである。幼い頃の、親との不幸な関係が尾を引いてしまっている。

幼い頃、親の密着した愛を必要としていた。親に気持ちを理解されることを必要としていた。心を傾けて話を聞いてもらうこと、注目してもらうことを必要としていた。しかし親は、それらのことを何もしてくれなかった。単に、親自身の感情を子供に押しつけるだけであった。

そんな子供は、親に敵意を持つ。だからといって、親の愛を必要としないわけではない。自分が敵意を持った親から愛情を求める。この複雑な関係の中で抑圧が起き、子供は親に両価的になる。そのことで子供は、親を自分の中に内面化することができない。

かくて子供の自我の成長に最初の、しかも最も重大な障害ができる。つまりそれ以後も、自分が出会った人を自分の中に内面化していくことができないのだ。

人は、自分がこの世に根元的につながっているからこそ、相手を独占しなくても安心していられる。親が心理的に安定していないと、どうしても子供を独占しようとする。そしてそのような環境で育った子供は、大人になって、恋人を始め、つき合う人をすべて独占しようとする。

しかし相手を独占したからといって、それで心理的に安定するのではない。孤独感や愛情欲求は、いっそう深まるばかりなのである。

8章 自我の確立を求めて

◎――「不安という鞭」が子供を勉強に駆り立てる

困難に耐える力、困難と戦う力は心理的成長の一つの特徴である。あるいは自我の確立の一つの特徴であるといってもいいかもしれない。うつ病者は何か自分の力を試してみる前から、「駄目に決まっている」と諦めるという。

「溺れる」という言葉がある。酒に溺れるとか、女に溺れるというように使われる。これは自我が機能していなくて、イドとか衝動といわれるものがその人の全人格を支配してしまっている状態である。忍耐力は、父性欠如の家庭には育たない。

アパシー（統合失調者の無気力を表す言葉）も困難と戦う力のなさが原因である。よい子を動かしているのは不安であり、不安がなくなれば努力しなくなる。気力と思われていたのは不安にしか過ぎない。

不安から努力し、頑張って消耗すれば、燃え尽きるしかない。あとに残るのは情緒的未成熟、わがまま、自己中心性、忍耐力のなさ、無気力である。

よい子に見えた時も、実態は同じだったのである。忍耐力は普通の子供ほどなかったし、気力もなかった。しかし普通の子供より不安だった。ただそれだけのことである。

よい子であった時も、燃え尽きた時もその人の内面のアパシーは変わりない。その内面のアパシーと不安とどちらが強くその人を動かしていたかということである。よい子であった時は親を喜ばすことばかり考えて自己不在ではあったが、同時にもともとアパシーであった。

真面目で仕事熱心という適応過剰な病前性格は、自然に湧いてくる気力ではなく、不安のしからしめた性格であり、その本質はアパシーである。それだけに本人は辛い。いつも自分に鞭打って仕事や勉強をしているのである。

もともと気力があったり、興味があったりして真面目に仕事や勉強をしているのなら、辛いことはない。しかし自然の気力も、興味も何もない。あるのは無気力だけである。それにもかかわらず、人一倍仕事や勉強に励む。

本人にとって内面の不安は鞭である。肉体的な鞭が肉体にとって辛く苦しいように、不安という心の鞭はやはり心にとって辛く苦しいものである。歩き疲れて過労で倒れて、肉体的に歩けなくなった人を鞭打って歩かせるという山行が昔の大学の山岳部などに一部あったと聞く。心理的に何もできなくなった人は、不安という鞭がその人をひっぱたいて、仕事や勉強をさせているのである。

◎思いやりも優しさも、すべて不安の裏返し

大学の運動部などで、しごきで新入部員を殺してしまうという事件が起きることがある。死ねばそれ以上鞭打ってもその人はもう動かない。

アパシーはそれと同じである。不安という鞭がひっぱたいてひっぱたいて、その人を仕事や勉強に駆り立ててきた。しかし、限界にきてもはやその鞭も効かな

くなった。それがアパシーという挫折現象なのである。

もともと気力も、思いやりも、優しさも、頑張りも何もなかったのである。気力に見えたものも、優しさに見えたものも、思いやりに見えたものも、そのような仮面をつけた不安であったのだ。

だからこそ病前性格として適応過剰に見えた人が、ある時から社会的に極めて自己中心的としか考えられない言動になる。社会的に良好な適応をしていると見えた人の内面にあるのは神経症的要求であり、無気力だったのである。現象としては良好な適応であるが、本質は神経症であった。

せいぜいその人の内面にあるのは、フロイトがイドと呼んだ衝動ぐらいである。社会的に良好な適応をしているように見えたが、その人にはもともと人間性とか、社会性とか、自主性とか、愛情とかいったものは育っていたわけではなく、性と暴力の衝動ぐらいがあっただけなのである。

不安がその人に鞭の役割を果たさなくなれば、その人を動かすものは、あるとしても衝動だけである。社会的に良好な適応をしていた人が、ある時から極めて衝動的な行動しかしなくなるという挫折は、考えてみればうなずけるものである。

神経症者は神経症的要求を内面《うちづら》として表す。だから家庭や配偶者にはひどく自己中心的でわがままなのである。そして外の人には自己消滅したところの過剰適応の面を表す。

神経症者には神経症的要求と人に気に入られるために自分を犠牲にする自己消滅の面しかない。心の中に神経症的要求を持ちつつ、不安から自己消滅した八方美人となるか、あるいは不安が取れて、神経症的要求を表すわがままな人間になるかである。内面が悪く外面《そとづら》がいいというのは神経症的人間の特徴である。

この場合、内面とは必ずしも家の中を意味しない。よい子にとっては家が外になる。つまり、内面の内は不安がないという意味であり、外面は不安な場所という意味である。

したがって外でわがまま、内でよい子という現象も起きる。しかしいずれにしても、真の人間性は育っていない。人間性とは神経症的要求でもなければ、内面のニーズを犠牲にした過剰なる適応でもない。能動性、積極性、愛情、自主性等なのである。

自分の内面を犠牲にせずに成長できた人は自然とこの能動性や社会性、積極性、自主性が備わるものである。いわゆる人間性といわれているものの内容である。

◎「ありのままの自分」を拒否された子供の劣等感

情緒的に成熟した人々に囲まれて成長できるという幸運な星のもとに生まれた人は、大人になった時には、思いやり、温かさ、精神的強さ、それらのものを備えている。たとえ経済的には苦しくても情緒的に成熟した両親を持った人は、人間性を備えるという点では恵まれている。そしてそのような人には、神経症的要求と自己消滅した過剰適応という現象的分裂はない。内面的に統合されているし、内と外でまったく矛盾した言動をするということはない。

神経症者とは、情緒的に未成熟な人に囲まれて成長したため、人間性を獲得することに失敗した人である。したがって冷たく、気力なく、生きることに対する興味も失っている。どのような名門の家に生まれても、両親が情緒的に未成熟なら、残念ながら人間性の獲得は無理である。大人になって家から離れ、愛情豊かな人と暮らすことでしか、それは身につけられないのではなかろうか。

人に認めてもらうことで自信を得ようとしているのでは、いつになっても、どんなに認められても、自信は持てない。それはあくまでもその人に認めてもらうということであって、他人に依存していることだからである。たとえどんなに評価されても、生きることを支えてくれるような自信にはならない。

劣等感のある人はどうしても他人を過大評価してしまう。評価する必要のない人を評価し、評価するにふさわしい人を評価しない。劣等感の強い人は他人を恐れて他人のあるがままの姿をつかめない。何でもない人を何かすごい人のように感じてしまう。また、自分に欠けているものを過剰に意識し、その欠けているものの価値を過大に評価する。どうでもいいようなものなのに、それが人生の価値であるかのごとく感じてしまう。

自分に何か欠けているから劣等感があるのではなく、劣等感があるから欠けていることを過剰に意識するのである。自分に何か本質的なものが欠けているから劣等感があるのではなく、劣等感があるから自分に欠けているものを本質的なものと感じてしまうのである。

劣等感というのは疎外感、孤立感でもある。自分はあの仲間たちと違う、あの仲間には入れてもらえないという感じ方である。何かあの仲間たちのほうが本格的で、自分のやっていることはいい加減なものであるという感じ方である。その仲間たちへの引け目なのである。

幼い頃、人に認めてもらうために自分を偽ったということは、その人の劣等感にかなりの影響を持つ。幼い頃、親にありのままの自分を拒否されたということは、その人の劣等感を深刻にする。誰にでも多かれ少なかれ劣等感はあるのだろうが、それが生きていくうえでの支障になってしまう人は、やはり小さい頃に親から受けた拒否によるのであろう。

親が心理的に深刻な葛藤を持っていれば、子供を受け入れることはできない。子供の話を聞くとか、子供のやることを理解するとかいうことはできない。その当時、親に拒否されたことがその子の劣等感を深刻にする。

つまり自分にとって最も重要な存在である親から拒否されるということは、自分の本質的な価値の剝奪なのである。親に受け入れられることで、子供は価値を付与されるのだ。

◎親の失望のため息が子供を奴隷にする

ある意味で、この段階で奴隷と貴族が決まるようなものである。心理的な身分制度である。拒否された者は奴隷となる。そしてその後どんなに認められても、奴隷として主人に認められたということにすぎない。その認められる努力が、奴隷が主人に認めてもらうための努力に似ているのである。

心理的に奴隷になっている人が劣等感の強い人であり、自信のない人なのである。奴隷がどこまで認められてもその社会の中心的な部分から追放されているように、自信のない人、劣等感の強い人は孤立感を持っている。

そこにあれだけの名声を得ながら自殺していくデモステネス（古代ギリシャの雄弁家）の悲劇が隠されているのではなかろうか。小さい頃本質的な価値付与をされていなかったのである。したがってそれ以後のすべての努力は、奴隷の努力になってしまう。

小さい頃、価値剝奪をされてしまった者は、どのように成功しても自分は偽物であるという感じ方を拭えない。アメリカの心理学者、ハーベイが言う偽名現象というのもこの心理である。自分が成功しながら自分に自信がない人々である。自分の成功を自分の能力によるものとは感じられない。成功しながら、自分は成功に値しないと考える。

親の失望のため息は子供の価値剝奪をもたらす。親が自分の劣等感に気をとられ、尊敬されることばかりに夢中で、子供の話に耳を傾けないことは、価値剝奪をもたらす。親自身が尊敬されようということに躍起で、子供が何を求めているか理解する心理的余裕がない時に子供の価値剝奪は起きる。

親自身が自分の心理的葛藤に夢中で、子供のことに気が回らないということがある。親は何も子供の価値を剝奪しようとしているのではない。しかし、結果としてそうしているのである。

親が自分の中に認めることのできないものがある。たとえば臆病さである。その人は実際に臆病なのだけれども、臆病であると認められない。自分が臆病であるという感じ方を抑圧する。そしてその心理的葛藤を解決するために、子供の中に臆病な点を見つけて激しく非難する。

その非難は親が自分の心の葛藤を解決するためのものであって、決して子供の価値を剝奪しようとしているのではない。しかしそのようなヒステリー的糾弾は、子供の価値剝奪には十分である。

単に社会的に成功するというのでは、この本質的な価値に到達できないのである。どんなに成功しても、奴隷として仲間に入れられるということにしかすぎない。本質的な価値を拒否された人間として成功しているにすぎない。

◎昇進うつ病、引っ越しうつ病のメカニズム

人は自分を拠り所に生きることができるようになってはじめて、自分を信じることができる。生きる自信も湧く。生きていく自信を得るためには、まず自分を心理的に頼ることができるようになることである。自分が自分を信じられれば、他人も自分を信じてくれる。

人生に対する自分のスタンスができてくると心理的に安定する。そのことがモラトリアムを卒業するということであろう。自分は自分、他人は他人ということが気持ちのうえでよくわかってくるということである。心理学では自我境界ができてくるというようにいう。

よく引っ越しとか、昇進がうつ病の契機としてあげられる。そのような契機で発病するものを昇進うつ病とか引っ越しうつ病とかいう。ではなぜそのようなことが発病の契機になるのであろうか。

たしかに住み慣れた所を離れるとか、慣れた仕事を離れるということが不安を呼び起こすのはわかる。しかしそれだけで発病が説明できるであろうか。

私はそのような環境の変化が、その人の心的体制の変化を迫るからではないかと思っている。つまり長い旅行にしろ転職にしろ、それによって今までの心の防衛体制が危険にさらされるということではなかろうか。それだから億劫なのである。

私たちはその季節に合わせて服を着る。夏服で冬になれば、寒くて仕方ないであろう。礼服で犬の散歩をすれば、何となく気持ちが落ち着かない。一つの心的体制という秩序を変えられない人は、服を一着しか持っていないようなものである。その場その場にふさわしい自分でいられないのである。

ある特定の心の防衛体制にしがみついている人は自我が脆い人である。逆に、自我が確かであるというのは、自分を信じられるということでもあり、何枚も服を持っているということである。自我が脆いというのは、夏服しか持っていないようなもの。いろいろな場面でどうしていいかわからなくなる。

長期の旅行、転職、引っ越しなどによって、今までの心的体制が動揺をきたす可能性があるので、そのようなことは気が重いのである。そのような人はよい所へ引っ越す時でも気が進まない。そのような環境の変化によって今まで抑圧してきた感情が、心の底で動き始めるかもしれないからである。

心に抑圧があると、他者への同一化が困難である。すると次の服ができない。自我同一化とは、感動的な体験をすることであり、尊敬する人に出会うことである。服がたくさんできるとは、自我同一化をたくさん体験することである。遊び仲間との同一化とは、仲間と一緒に遊び、楽しく時を過ごすことである。あるいは尊敬する人と出会ったり、感動的な体験をして、人生とはこういうものだと教わることである。

◎――喪に服している人が犯罪を起こすわけ

ところがうつ病になるような人は、そのような感動的体験が欠如している。とにかく今まではさまざまな危険な感情を心の底に閉じ込めて、なんとかその場を生きるのに都合のよい心的体制を築き上げてきた。心理的に依存している人への憎しみや恨みを意識の外へ追いやってきた。

人々への復讐の気持ちも意識しないですむように心の底に閉じ込めた。従順に生きてきたが、実際の心の底では人々への殺意さえあった。善良な人として社会的には尊敬されながら生きてはいるが、実は心の底にさまざまな悪への欲望が渦巻いているのである。

すべてうまく実際の感情に気がつかないで生きていかれるように、心的体制はでき上がっていた。これが一つの服しかないということである。しかし環境の変化は、その心的体制を動揺させる。新しいことをするのに気が重いということは、今でき上がっている心的体制に執着しているということではなかろうか。

　今まで社会的な悪を自分の心の底に閉じ込めていた障壁が、それを契機として破壊されてしまう危険を彼らは感じているのではなかろうか。心理的に依存している人に対しては、どうしても憎しみを持つ。心理的に依存していればその人に対する攻撃性を抑圧せざるを得ない。その人に不満でもその不満は意識されないことが多い。

　社会的な悪から始まって、身近な人への実際の感情に気がつくことは恐ろしいことである。ところが、いわゆるうつ病の契機となるような事件はそのようなことを気づかせるのである。その人なしに生きてはいけないのに、その人を憎んでいたなどということに気がついてしまったら、その後どのように生きていってよいかわからなくなる。

　福島章「喪と殺人」（『躁うつ病の精神病理』三巻　弘文堂）という論文によると、喪に服している時に犯罪が起きることがある。喪によって心の底に抑圧していた攻撃性や性欲が表に出るということである。喪というものが心の体制を動揺させる。

しかし喪はまた、うつ病に人を追い込むこともあるのではなかろうか。つまり、抑圧していた攻撃性は、外へと表現されない場合には、自分へと再び向けられるからだ。

やはりうつ病になるような人は、心の外と内の境に強固な障壁があるに違いない。環境の変化は、その障壁を破壊してしまう可能性を秘めているのだ。

喪というのは、何も親しい人の死ということばかりではないと思う。たとえば、自分の中にある何かのイメージでもいい。自分を縛っている何かである。親に縛られている人もいるが、親が与えた概念に縛られている人もいる。

たとえば、家庭という概念に縛られている人がいる。家庭というものがこの世のすべてに優先するという価値観に縛られている。そのようにその人を縛るものがあるかぎり、その人はエネルギッシュになることはない。

人は一人になることで自由になる。それだけに人は孤独を恐れる。一人になることは自分を縛っているものから解放される可能性を与えるからだ。しかし、たいていは一人になってもやはり何かに縛られている。

しかしそのような実際の感情を未処理にしている人間は、長い人生のどこかで挫折する。心の葛藤がストレスを生み、それで消耗する人がいるかもしれないし、抑圧が強くて対人関係がうまくいかずに挫折する人もいるかもしれない。食べ物が消化されて排泄されるように、感情もそれぞれの年代で処理されなければならないのである。

年の暮れに大掃除をする。あるいは学生から社会人になった時に部屋の大掃除をする。感情が未処理の人というのは、生まれてから一度も部屋の掃除をしない人のようなものである。

◎——堅物、マジメ人間を支える〝規範意識〟

うつ病者の規範意識は過剰だという。規範意識が過剰というのは、つまり「真面目一点張り」ということである。堅物で融通が利かず、四角四面。欲求と規範が調和しない。あまりに生真面目で緊張し、普通の人が疲れないところで激しく疲労する。

こんな人は、遊ぶことに何となく罪悪感を覚える。そして、いつも気を張りすぎている。怠けていると人から思われるのが辛いから懸命に努力するが、成果はあまり上がらない。仕事熱心な割には疲れて、慢性スランプに苦しんでいる。

そこでいろいろ言い訳をする。怠けているのではないのだということをしつこく訴えたくなる。しかしそれは周囲の人にとってはうるさいだけである。

彼らの勤勉さは、相手の好意を得るための勤勉さである。それなのにスランプになり、怠けていると思われるかもしれないということで、悩みは一層深刻になる。そこで好意を失うまいと「皆に迷惑ばかりかけている」としきりに言い訳めいたことを言う。しかし周囲の人は別にそんなことを言って欲しいわけではない。周りからみれば、なんだかいつもぐちぐち言っているハッキリしない人ということになってしまう。

彼らはいわゆる模範社員であるが、切れるとか、エネルギッシュとかいうのではない。生真面目で仕事中毒なのだが、自分で思うほど仕事ができない。頑張る割には成果が少ない。それは欠点をだすまい、だすまいと神経を使い緊張して疲れてしまうからである。

欠点をだすまいとするから持続的に不安な緊張をしている。消耗がうつ病の原因である。彼らは実際にはたいした仕事をしないでも激しい疲労の状況にある。長い目でみると仕事中毒でない人のほうが成果を上げているぐらいである。

彼らは規範を恐れている。それは、規範意識によって生きているということである。人は働かなければならないという規範意識によって生きている。小さい頃、親から与えられた意識が修正されずにいるのだ。

彼らは悪いことをしないのではなく、悪いことができない人である。自分を支えているものが規範なのである。だから規範意識が肥大化してしまうのだ。

心理的に成長した人は、規範意識と欲求とをうまく統合する自己が確立している。その自己を頼りに生きるのである。フロイトの言葉を使えば、自我ということである。自我が確立するということは、規範意識と欲求とのバランスをうまくとれるようになるということなのである。

◎──よい子を演じなければ生きられない子たち

うつ病者は自分を支えるものを規範以外に見つけることができない。だから規範に背くことが怖いのである。規範を信じている者、納得している者は、規範意識が肥大などするものではない。規範を信じる者と、それを恐れる者とは違う。

うつ病的な人は規範を恐れているが、信じてはいない。

規範意識が肥大化している者は、心の底ではそれを信じてはいない。その点で心の統一性が保たれていない。まさに心は意識と無意識に分裂している。それがその人を不安にしているのである。またこの心の中の葛藤がその人を優柔不断にしている。

大切なことは規範以外に生きる支えを持つことである。人は規範にしがみついて生きているかぎり、いつまでも不安である。と同時にいつも心の底では不満である。

彼らは何もしないでいると、自分に価値を感じられない。しかし自分に自信を与えてくれるはずの仕事は、慢性的スランプである。どんなにやっても成果が思うように上がらずに、慢性的疲労に陥る。そこでよけい単なる空虚な規範に心理的に頼りだす。仕事で成果を上げられないから、会社なら会社に対する精神的忠誠が過度になる。

このような人たちはいつか挫折する。挫折するよい子というのはよい子以外では怖くて生きられないのである。別に自分の生き方を納得してよい子でいるわけではない。よい子でなくなることが怖い、だからそうしている。好意を得ようとよい子を演じているのである。怖いから自分で無理やりよい子になろうとしているだけである。

しかし、そのような子の心の底がよい子であるとは限らない。彼らの心の底には恐ろしく反社会的な感情が隠されていることがある。挫折するよい子は、意識のうえのよい子と無意識の領域の悪い子に分裂しているのだ。

彼らは自分にとって重要な他者に気に入られる以外に生き方がわからないのである。挫折するよい子は、親に気に入られるということが心の支えになっている。そしてそうであればこそ、その人との関係において自分の実際の感情を抑圧しなければならない。

だからこそ先に述べたとおり、幼児期に内面化した規範が修正されずにいるのだ。

こんな人は、大人になる過程でいろいろな人と出会い、心理的に成長し、規範と欲求のバランスがとれてくるということがない。

となると、その小さい頃の重要な他者が、自分の束縛者に変化する。相手の期待に応えることばかりを考えて実際の自分の感情を無視する。その人は自分にとってなくてはならないのだが、それゆえに自分にとって煩《わずら》わしい人になってしまう。

そんな子は人生の困難には弱い。人間関係にも弱い。身近な人と本当に親しくなることが難しい。心の中の統合性を失っているので、人と親しくなれない。その人の知らないその人が心の底にいる。心をふれ合おうにもその心がない。無意識の領域は固く外に向かって閉ざされている。他者はもとより、その人本人でさえふれることができない。

その閉ざされた心の中にあるものを知らぬふりをして最後まで生きられたとしても、その人はやはり生きたとはいえないであろう。なぜなら、他者とも自分ともふれ合うことなく生きたのだから。

おそらくその心の底に閉ざしたものと、その人の束縛感は関係があるのではないか。他者と親しくなると、その他者が煩わしく感じられ始める。ピーターパン人間といわれる人は新しい友人を大切にする、とダン・カイリーは言う。自分の近くにいる他者が親しくなると煩わしく感じられ始める。

親しい他者は、自分の欲求の妨害者に変化する。自分が自由になりたい時の妨害者である。では自分が自由になれるかというと、依存心が強くてなれないのである。

こんな人のどこに問題があるのだろうか。

◎自我の未確立が外面のいい人間を生みだす

一口でいえば、自我の未確立である。自我とは感情をコントロールするものである。また超自我とイドの間をつなぐものでもある。先の言葉でいえば、欲求と規範を統合するものである。自我の働きがあるからこそ、人は超自我の支配するがままにもならないし、また衝撃のまま生きて破滅することもない。

規範意識が肥大化しているということは、超自我がその人を支配しているということである。たとえば仕事以外の願望がない。そしていつも「仕事がはたしてうまくいくかどうか」を心配している。それが、言葉を換えれば、自我の未確立なのである。

自我が機能していないから、その人は意識の領域における肥大化した規範意識と、無意識の領域における反社会的欲求に分裂してしまう。だから時に、真面目人間がとんでもない犯罪を犯すのである。生真面目な勤務で評判の警察官が、女に渡す金欲しさに銀行にピストル強盗に入る。

自我を確立していない人にとっては、身近な人が規範の代理人となる。無意識の領域にとっては、身近な人は束縛者となる。環境の変化が意識と無意識の間にある障壁を破壊しそうになると、規範と衝動が直接激突しかねない。そのような環境の変化した状況では、無意識の領域にある衝動が障壁を壊して活動しそうになる。

そのような時にその障害となるのが、近い人である。そこで近い人が不愉快になる。近い人に不機嫌な人は、自我が未確立なのである。誰であったか父親の不機嫌について書いていた。若い頃父親が不機嫌にしていることで嫌な思いをしていた。しかし自分も結婚して、ある時自分の家族に対し自分が父親とそっくり同じ不機嫌に苦しんでいるのを発見してびっくりする。

そのようなことはよくあることであろう。なぜなら情緒的に未成熟な親に育てられれば、その子も心理的には成長できない。家族というような近い人たちに不機嫌なのは、まず自我の未確立な人である。

そのような人も、近くない人には外面で、いい顔をする。外の人には防衛的で従順になる。外の人に対しては不安から緊張しているので、無意識の領域は完全に意識から遮断されている。いわゆるよい子、外面がよくて内面の悪い人、それらの人は、自分の中に自分が意識しないでいる膨大な領域があるということにはまったく気がつかない。しかし近い人といる時には、緊張が解けるぶん意識と無意識とを分けている障壁が弱くなる。

近い人といる時のほうが無意識からの影響を受けやすい。自我というのは意識と無意識の領域をつなぐから、どちらの領域からも影響は緩和される。ちょうど自我は、服のような働きをする。寒い冬の日も、暖かい下着を着てコートをはおれば外を歩ける。しかし寒い冬に裸で外を歩けば風邪を引くかもしれないし、風邪を引かなくても体力を消耗して病気になる。自我とはある意味で心の洋服のようなものである。

足立博「躁うつ病の精神療法」(『躁うつ病の精神病理』三巻　弘文堂)という論文の中に、空気のない月の話が出てくる。空気のない月では昼は灼熱で、夜は酷寒の地獄と化す。しかしここでは灼熱と酷寒が問題なのではなく、空気がないことが問題なのだという。つまり躁うつ病では、躁と鬱《うつ》が問題なのではないということである。私が言いたいのは、これと同じことが自我についてもいえるのではないかということである。

自我がないために規範に縛られすぎたり、衝動をうまく処理できないで問題を起こす。規範と衝動が問題なのではなく、自我が機能していないことが問題なのである。自我とは空気のような働きをしているのである。自我が機能していない人はやはり「昼は灼熱で、夜は酷寒の地獄と化す月」にいるようなものであろう。

内面の悪い人で外面のものすごくいい人がいる。それは正に空気のない月のようなものである。内の人に対しては横暴で、内の人が自分の犠牲になるのは当たり前と思っている。外の人に対しては逆に自分が相手の犠牲になることを喜びさえするのだ。

◎──「……なしでは生きられない」という思い込み

人にはよくそれなしに生きてはいけないと思っているものがある。しかし考えてみてほしい。本当にそれなしには生きてはいけないのだろうか。単に自分がそう思い込んでいるだけのことではないか。

そしてそのような考え方、思い込みの底に罪悪感はないだろうか。それなしで生きることが罪であるという意識である。つまり間違って形成された強固な超自我である。

たとえば、私は小さい頃からこの世で何よりも素晴らしいところは家庭であると思い込まされて生きていた。家庭を大切にしないで生きることは最大の罪であった。道徳の根源は家庭であり、すべての正当性は家庭から生まれた。家庭は生きるすべての意味の根源であった。家庭を否定することは神を否定することであった。

このように思い込んで生きていると、家庭と関係ないところで生きることを楽しむ時に、ものすごい罪の意識が生まれる。家庭がすべてであると思い込んでいると、家庭と関係なく生きることはできないように思い込む。

よくあなたなしでは生きられないというようなことを恋人同士が言うことがある。二人は別に嘘をついているわけではない。たしかにそのようなことはある。しかしそういう背景の一つに、人生は恋なしには無意味であるという考え方があるかもしれない。

それなしに生きられないと思い込んでいるものでも、案外生きてみれば生きられてしまうかもしれない。

親から自立する時にやはり子供は罪悪感に苦しむ。親なしに生きることができないと思い込む背後にあるものは、親への依存心であろう。そしてその依存心から、親から自立して生きることへの罪悪感も生まれるのではなかろうか。

その結果、依存心を正当化するものとして、時に親孝行というような倫理が唱えられるし、それを破ると罪悪感が生じる。

同じように、何か人がそれなしには生きていかれないと思う時は、依存心と罪悪感がそこにある。依存心というのはいろいろな形で人間を縛る。意外なところで人が豊かに生きることを妨害しているのだ。

依存心が羞恥の基礎にもあるかもしれないし、またそれゆえに拒絶する恐怖も生じる。前にも述べたように、恥ずかしがりやの人は人から拒絶されることを恐れる、とジンバルドーは言う。そしてそれゆえに人と接することができない。それゆえに人に対して心を開いていくことができない。

実際の自分を表現する恐れの背後にあるものをつかむことなしに、他者との心のふれ合いは持てない。依存心が強いと相手に甘えるか、逆に防衛的になり、自分ではないよい子を演じるかのどちらかになるのである。

◎自分を拒否する相手にしがみつく

ところで、自我の同一化に失敗するとはどういうことであろうか。自我の同一化に失敗するとは、まず母親との関係で十分に愛情欲求が満たされないということである。母親からストロークを与えられないということである。

母親に注目されたい、自分の言うことに耳を傾けて聞いてもらいたい、にもかかわらずそれらの欲求の挫折を味わうことであり、母親との関係で心が傷つくことである。

欲求挫折から生まれる攻撃性を母親に向けられず、自分に向ける。母親に心理的に依存していればいるほど、母親を憎むより自分を憎むほうが心理的にやさしくなる。人は自分を憎むことでさまざまな傷を心に負う。母親を拒否しないで自分を拒否するほうが心理的にやさしいのだ。

人は、母親に十分愛されなかったことで激しい劣等感を持つ。その劣等感を跳ね返そうとして、もっと偉くならなくては、もっと能率よく仕事をしなくては、もっと熟睡しなくては、もっと儲けなくては、もっとリラックスしなくては、もっと楽しまなくてはなどと、「もっと、……しなくては」ということに苦しむ。

それは、その人が現在に留まることができないことを表している。これが自分を拒否するということである。母親を拒否するより自分を拒否するほうが心理的にやさしいから、結果として焦燥感に悩まされる。

したがって、不思議なことに人間は、自分を拒否する人にしがみつく。愛されることなく育った人は、自分を愛さなかった人間のご機嫌をとることに精力を使い果たす。それはその人が心理的に母親から離れられないことを表している。

幼い日の欲求挫折から、自分は人に愛されないという自己像をつくる。そしてその傷ついた自己像を克服しようとするゆえに「理想の自己像」にしがみつく。うつ病などになる人が、どうしても自分に対する要求水準を下げられないのはこのためである。

自分に対する高すぎる要求水準は、自分に対する失望の反映である。その失望をそのままにして、高すぎる期待を下げようとしても無理である。

その人は、それまでの人生で満たされなかった基本的欲求に、心の底で縛られているのである。そう考えると、うつ病などになりやすい人が自分への要求水準を下げようと努力することは、水の中で足を縛られているのに泳ごうと努力するようなものである。

◎――よい子とは去勢された子供

そのような人にとって何より大切なことは、幼い日の欲求挫折に際して、憎しみの目標を自分に置いてしまったことの誤りを自覚することである。同時に、自分はいまだ心理的成長に必要な体験をしていないということを自覚することである。

それゆえに肥大化した規範意識や、自分に対する高すぎる期待、柔軟性を失った心的体制、活力を失った心、などに苦しんでいるということを知ることである。

心の葛藤が不安の原因といわれるが、それは別の言葉でいえば、自我の欠如ということではなかろうか。つまり心の中の二つの矛盾したものを統合するものがなくて、それらが直接にぶつかり合ってしまっているということである。

では、自我の形成というのはどのような経過が望ましいのであろうか。

私はこれについて考える時、いつも『イソップ物語』の北風と太陽の話を思い出す。小さい子供のイドに対して、太陽のように接するか、北風のように接するかということである。北風のような親もいるし、太陽のような親もいる。

北風のような親を持った子供は「何でも言うことをよく聞く素直なよい子」になるに違いない。北風は超自我となり、依存性は消化されないまま意識から追放される。しかし意識から追放されても心の底から消えない。

よい子とは心理的に去勢されてしまった子供である。その子はいつまでも息子であり、娘である。男と女にはなれない。息子であって男ではないとはどういうことであろうか。それは息子には心理的に頼るものがあるということである。心理的に独り立ちできないでいるのが息子である。心理的に自立することが、依存する者への反逆になる。

男と女になるということは、心理的に独り立ちすることである。親子の関係が清算されていないうちは、男と女の関係がうまくいかないというのも、それを考えると理解できる。

もし心理的に自立している女性が、まだ親離れできないでいる男性と恋愛をするとどうなるか。

女のほうは、一人の男と心理的にも肉体的にも関係しようとする。しかし男のほうは、一人の女と関係しようとはしない。男のほうはまだ心理的に頼る人を必要とするのだ。だが恋愛している時に、男が親のほうを向いていたのでは恋愛はうまくいかない。

ではもし、この男性が無理に親離れしようとするとどうなるか。今度は相手の女性を心理的に親代わりにしてしまう。今まで自分に対して親が果たしていた役割を恋人に押しつける。恋をすることは、すでに親子の関係が子供の頃と変化したということである。親の役割と恋人の役割とは矛盾するところも多い。

恋愛を始めると親の存在が自分にとって不都合になることも出てくる。男と女の関係と親子の関係は本質的に違うのである。親子の関係に男と女の関係は不都合である。親子関係が異常に長く続いたり、神経症的であったりすると、子供は心理的に去勢される必要が出てくる。親子関係を続けるかぎり男であることは困る。男と親子関係が矛盾してくる。それは何も異性の親との関係ばかりではない。同性の親子関係についても同じである。

父と息子の関係であっても、親子関係と男と男の関係とは違うし、息子が男になることはその父と息子の依存関係に矛盾する。そこで心理的に健康な親子関係は子供の成長にしたがって変化していく。依存関係が解消に向かう。親子関係の変化とは、子供が男と女になっていく過程でもある。

◎親子関係が清算されていない子は恋愛できない

ところが、そのような心理的に健康な親子関係ではなく、子供が去勢されて継続している親子関係があったとする。そのように去勢された息子が親との関係を持ちながら恋愛をしたことを考える。

恋愛関係が長く続くうちにまことに奇妙なことが起きてくる。男性のほうは息子として親子の関係を心理的に持っている。これが心理的な依存関係である。息子は親との関係で去勢されている。つまり自分を去勢する親の役割を恋人に押しつけるということが起きてくる。これは恋愛の否定である。

だからこそ親子関係が清算されていない素直なよい子は、恋愛がうまくいかないのである。ここで大切なことは、親子関係における去勢の問題である。子供が去勢されることが小さい頃の親子関係を保持する条件である。しかも無理に親から離れても、心理的に成長していない以上、心理的に依存する親の代わりを必要とする。頼りなくて一人で生きていけない人は、誰か必ず自分が頼る人を見つける。親の代わりを見つける。その時に今までの親と同じ関係を持てる人でなければ都合が悪い。心理的に頼りない自分を支えてくれる人でなければならない。

とにかく親から離れても、周囲の人にその今までの親の役割を押しつけてくる。恋人にこの役割を押しつける。自分を去勢する親の役割を恋人に押しつける。これは恋人に対して恋人の役割を放棄することを求めることである。自分に対して男を求めている恋人に、男を否定する役割を押しつけるのである。

実際世の中にはこのような恋愛関係、夫婦関係が多い。そしてこのような恋愛関係、夫婦関係は挫折していく。実り多い恋愛ができるためには両方の恋人が自分を頼りに生きることができるようになっていなければならない。一人の男と一人の女になっていなければならない。

自分を去勢した親と対決し、自分の恋人に親の役割を求めないことである。それでなければ誠に奇妙なことが起きる。自分の恋人の前で自分が男になることに罪の意識を持つことになる。自分が男になることで、恋人から拒絶されるような錯覚に陥る。親は息子に男となることを禁じているのである。そして男になることで息子は親から拒絶される。それが子供の去勢である。

恋愛をしていながら二人の関係がいつのまにか性を禁じる関係に変化していってしまう。もちろん意識のうえで禁じているわけではない。あくまでも無意識のレベルでである。おそらく性欲よりも不安のほうが人間を強く動かす。

私はラジオのテレフォン人生相談を始めていくつか驚いたことがあるが、その一つは若い夫婦でも性的関係のない夫婦がかなりいるということである。おそらくそれらの夫婦は少なくともどちらか一方が心理的に親離れできていないのであろう。どちらかが不健康な親子関係の中で心理的に去勢されているのである。

親との関係は洋服の一番上のボタンのようなものである。このボタンをかけ違えるとつぎつぎに間違ってボタンをかけていくことになる。親との関係が神経症的であったものは恋人との関係も間違える。

親離れできないことを親孝行と間違って解釈したり、親への依存を親への愛情と解釈したりするのと同じように、恋人への誠意も間違ってしまう。男や女になれないだけのことを恋人への忠誠と解釈したりする。

はじめての人間関係である親子関係の失敗は、次の人間関係への失敗を用意する。恋人との関係にしろ何にしろ、自分の人生がいきづまった時には、今の自分の考えていることは逆ではないかと、反省してみることである。

フィット・テイカーというアメリカの心理学者が、真実は逆であるということを述べている。たしかに何かにいきづまり、八方塞がりになった時というのは、まったく逆が真実ということが多いだろう。正しいと思っていることが間違いで、間違いと思っていることが正しい。しなければならないと思っていることがしてはならないことで、してはならないと思っていることがしなければならないことなのである。

このように考えてみることが、新しい道を切り開く契機となる。

エピローグ　親が子供にしてやれる最も素晴らしいこと

あなたを世話するのはこんなに嬉しいと子供に伝える親と、あなたを世話するのはこんなに大変だと子供に伝える親とでは、子供の心理的成長にとって、親の意味はまったく違う。こんなに楽しいという顔をして子供を世話すれば、子供は自分の存在に自信を持つであろう。

子供を世話する時の、親の満足した表情は、社会人になってから大成功することより、その子にはるかに自信をもたらす。どんなに大金を得ることよりも、その人に自信をもたらす。社長になるよりも、有名な歌手になるよりも、ノーベル賞をもらうよりも、親からあなたを世話していると嬉しくなるということを伝えられることのほうが、その人に自信を与えることになる。

「何だかあなたを世話していると、嬉しくなるわ」と非言語的に子供に伝えてやれる親は、莫大な財産を子供に残すことより、はるかに子供の人生を生きやすくする。

逆に、不機嫌な顔で育てられた子供は、大人になってからどんなに成功しても、それだけでは決して自分に自信を持つことはできない。

そんな恩着せがましい親に育てられた子供は、自分の存在が他人にとって喜びであるなどということは、信じられないのである。そして多くの場合、その事実に気づかず、それを知った時の新鮮な驚きを体験しないまま、一生が終わっていく。

他人が自分に何かしてくれることを嬉しがっているということは、恩着せがましい親に育てられた人にしてみれば、グラグラと天地が動きだしたような、目眩《めまい》にも似た感情を伴うものである。何か信じられないが、夜が明けてくるような気持ちになる。

自分の弱点にとらわれてしまって、どうしても自分の長所を意識できない人がいる。自分に長所がないのではなく、自分の長所を意識できないのが問題なのである。

どうしたら自分が伸び伸びと感じられてくるのか。新鮮な驚きや、感動を味わうにはどうすればいいのか。自分の弱点ばかりが気になって、不安でならない人がどうしたら人といることの楽しさを味わえるのか。どうしたら自分の中から力強さを感じ始めることができるのか。

つまりどうしたら、ああ生きていることはこんなに楽しく素晴らしいのだろう、と思えるようになるかを考えてみたのが、この本である。

この本を読んで、もし自分がまったく今までとは違って感じられたなどという人がいれば、著者にとってこれほど嬉しいことはない。自分に自信のない人は自分のどこかに気づくことで、自分がまったく違って感じられるはずである。

どのような星の下に生まれても、それなりに幸せになることを心がけるほうがよい。たとえ不幸な星の下に生まれても、それなりに幸せに生きるにはどうしたらよいかを考えてみたのがこの本である。不幸な星の下に生まれても、自分の人生を諦めない。

この本を読んでくれたあなたが、自分はこんなにも素晴らしく、こんなにも強かったのかと感じられる日がくるように、心から願っている。

一九九〇年七月

加藤諦三

著者紹介
加藤諦三（かとう　たいぞう）
1938年、東京生まれ。東京大学教養学部教養学科を経て、同大学院社会学研究科を修了。現在、早稲田大学名誉教授、ハーヴァード大学ライシャワー研究所客員研究員。
主な著書に、『自分の心に気づく言葉』『心を安定させる言葉』『人生を後悔することになる人・ならない人』（以上、ＰＨＰエディターズ・グループ）、『心の休ませ方』『自分のうけいれ方』『不安のしずめ方』『自分に気づく心理学』『やさしい人』（以上、ＰＨＰ研究所）、『なぜ、あの人は自分のことしか考えられないのか』（三笠書房）、『心と体をすり減らさないためのストレス・マネジメント』（大和書房）などがある。

〈加藤諦三ホームページ〉 http://www.katotaizo.com/

この作品は、1994年１月にＰＨＰ文庫として刊行された『人生の悲劇は「よい子」に始まる』を改版し、加筆・修正したものです。

新装版
ＰＨＰ文庫　人生の悲劇は「よい子」に始まる
見せかけの性格が抱える問題

2019年８月15日　第１版第１刷

著　者　加　藤　諦　三
発行者　後　藤　淳　一
発行所　株式会社ＰＨＰ研究所
東京本部　〒135-8137　江東区豊洲5-6-52
第四制作部文庫課　☎03-3520-9617（編集）
普及部　☎03-3520-9630（販売）
京都本部　〒601-8411　京都市南区西九条北ノ内町11

PHP INTERFACE　https://www.php.co.jp/

編集協力
組　版　株式会社PHPエディターズ・グループ

印刷所
製本所　図書印刷株式会社

ISBN978-4-569-76962-2

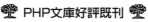